致力于中国人的教育改革与文化重建

D1519571

立 品 图 书·自觉·觉他
www.tobebooks.net
出 品

顶天立地的功夫

形意拳内功讲记

马世琦 著

中国文联出版社
http://www.clapnet.cn

图书在版编目（CIP）数据

顶天立地的功夫／马世琦著 -- 北京：中国文联出版社，2016.7
ISBN 978-7-5190-1570-1

Ⅰ.①顶… Ⅱ.①马… Ⅲ.①武术—研究—中国 Ⅳ.① G852

中国版本图书馆 CIP 数据核字（2016）第 128273 号

顶天立地的功夫

著　　者：马世琦

出 版 人：朱　庆

终 审 人：奚耀华　　　　　　　　　复 审 人：胡　笋

责任编辑：蒋爱民　　　　　　　　　责任校对：傅泉泽

封面设计：尚上文化　　　　　　　　责任印制：陈　晨

出版发行：中国文联出版社
地　　址：北京市朝阳区农展馆南里 10 号，100125
电　　话：010-85923066（咨询）　85923000（编务）　85923020（邮购）
传　　真：010-85923000（总编室），010-85923020（发行部）
网　　址：http://www.clapnet.cn　　　　　http://www.claplus.cn
E－m a i l：clap@clapnet.cn　　　　　　jiangam@clapnet.cn

印　　刷：三河市华晨印务有限公司
装　　订：三河市华晨印务有限公司
法律顾问：北京天驰君泰律师事务所徐波律师
本书如有破损、缺页、装订错误，请与本社联系调换

开　　本：787×1092　　　　　　　1/16
字　　数：150 千字　　　　　　　　印张：19.75
版　　次：2016 年 7 月第 1 版　　　印次：2016 年 7 月第 1 次印刷
书　　号：ISBN 978-7-5190-1570-1
定　　价：68.00 元

桩功第一式

"第一式是补先天的，养生效果极好。背为阳，阳面一定要打开，把腰部这个大弯调直了，督脉一下就顺畅了，命门也打开了。腹为阴，阴面要闭藏，把气降下来，这就是取坎填离，开始培补你的正气了。"

桩功第二式

"第二式补后天作用强，开中丹田，中丹田开合升降。中丹田气满了以后，强化你的脾胃。脾胃是后天，脾胃要是强了，先天后天你都补足了。"

桩功第三式

"第三式对先天、后天都有很好的补充，可以濡养你的大脑。第三式主要练的是中脉，要上接天根，下接地轴。咱们这根轴线要钉在地上，没人能打得动。"

桩功第四式

"第四式，要练到内气和外气交接，吸气聚于后背，气为阳，背为阳。第四式不光达到养生效果了，而且会增长功力。"

桩功第五式

"第五式，手是自然状态，一定要垂下来，松下来，这时候是45度，守中嘛。小周天通了以后，也就不会生病了。"

桩功第六式

"第六式把自己的经络都导通了，十二经脉、奇经八脉都打通了，你不会生病。"

桩功第七式

"第七式练到周身透空,把那些不好的东西给推出去,洗你周身的所有经络、细胞等等。练到这时候就容易入静了,杂念就特别少了。"

桩功第八式

"练到第八式，到最后敛气入骨髓，就是精华之气入骨髓。骨头越来越硬，特结实。"

目录

下篇　实修

缘起
明师难遇，正法易成

什么是内家拳？真实的功夫是什么样子？为什么很多习武之人会疾病缠身、英年早逝？道家的"长生不老之术"确实存在吗？我们能不能把健康完全掌握在自己手里？

毫不夸张地说，本书是一本"武功秘籍"，记录了内家拳中的不传之秘——内功的修炼方法；然而这又是一本"养生秘籍"，因为无数人通过习练其中的功法，疗愈疾病，重获健康。

《道藏》有云："上药三品，神与气精。"我们的老祖宗早已认识到，培补精、气、神正是养生护命的根本。几千年来无数人沿此方向不断努力探索，形成了一套领先世界的生命重建体系，以及各种具体的修炼操作方法，其中的核心，即为内功之学。

内功之学，向来因其突出的养生效果而被历代医家所推崇，更由于其强身健体、开发人体潜能的特殊功用而与各门派武术相结合，极大地提高了习练者的身体素质与技击能力，最终造就了中华文明的一枚瑰宝——功夫。以内功修炼为核心的内家拳，一度将内功之学发展到了全新高度，充分体现了道家身心双修的生命理念。

然而半个世纪以来，由于政治、经济、文化等种种原因，表演武术、套路竞赛大行其道，电影特技、绝活表演混淆视听，让人难生正见。真正的功夫已经消失殆尽，内功修炼也鲜有提及，甚至被付为笑谈。即使在传统武术的圈子中，也是论道者多，修道者少，得道者更如凤毛麟角。面对各种西洋拳术，舶来武功，国人已难得自信，徒生空叹；纵有后辈不惜精力，探求真学，奈何时移世易，明师难遇，正法难闻。

然天遂人愿，时运循环，国学大道，薪火相传，纵使离道，总有明士顺应天意，去伪存真，匡扶正法，护佑中华文化生生不息。本书作者马世琦老先生，即为武学之明士也。马世琦先生天资过人，志存高远，追求真学，精通经典，兼通中医与西方科学，早年悟道，中年大成，在武学领域见解独到深刻，功夫已达出神入化之境，一生鲜遇能出其右者。马老以其过人的智慧和慈悲，证悟了功夫的真相，还原了祖师武学的真谛，对道家千年经典中隐晦难懂的性命之学进行了生动的解读，构建了一个结构完整、层次分明、安全高效的内功修证体系，为养生、武术、医学、文化乃至对全人类的身心灵发展事业做出了难以估量的贡献。

马老一生坎坷，但甘于平淡，不逐名利；虽功夫卓绝，却毫不藏私，始终以真功授人，循循善诱，慈悲爱护。数十年来教人无数，弟子学生遍布海内外，求学者无不为其功夫所倾倒，为其品行所折服。

　　本书成文之时，马老已过古稀之年，但耳聪目明，思维敏捷，精力和体力甚至远超年轻人，足以证明内功养生之效用不虚；而每当演示武学功夫时，众人皆为之胆寒，对内家拳之威力产生全新认识。马老教功，生动幽默，妙语连珠，总能将精深的理论解读得简明易懂，触手可及；而所学者随着自身体悟，不断印证经典，时时充满法喜，在功力提高的同时，身体状况均得到巨大改善，如获新生。昔日常有弟子祈请，望马老将平生所悟功法系统整理，立言存世，以利众生，却总因诸事耽搁而不能如愿。时至 2015 年 7 月，终于机缘成熟，马老慈悲哀愍，开坛讲法，将平生所悟武学精华公之于众，奉献社会，经众弟子共同整理成文，结成此书。此番立言，书名"顶天立地的功夫"，其意有三：一为体现马老功法之理论——《黄帝内经》中上古真人"提挈天地，把握阴阳"的最上品养生原则；二为体现马老功法之特点——直立习练，反对下蹲，"无屈膝折腰之苦"；三为体现马老功法之效用——外正身形、内补正气、调柔心性、建立自信，使习练者身心皆合于天德地道，常有挺拔沉稳之感，顶天立地之意。

　　全书共分为上下两部分：上篇"见道"，厘清概念，建立正信，了解内功之妙用所在；下篇"实修"，详述具体修持方法步骤，身形姿势，为重中之重。马老武学造诣精深广博，非本书体量所能容纳，但所示内容均为马老武学之精髓，以桩功为主体，以动功、身法、步法为作用，动静相随，得一而万事毕，望学者切勿贪多，务必精纯。或有学者担心，内功修炼不同于普通拳脚招式，如无明师陪伴指引，是否有出偏之风险？此亦即马老所授功法珍贵之处，经数十载上千人验证，无一例出偏，无伤身之虞，完全可以自修自练。纵然如此，功夫修炼总不离"工夫"二字，马老所传功法虽见效迅速，但旧疾自愈总非一时之事，身心变化亦非一日之功，望读者平心静气，多加坚持，便知正法难遇易成，非虚言也。

国学复兴，已成大势，学者甚众，各家之言亦层出不穷。虽文武艺医皆可入道，然而各人机缘不同，且人多外求，而不知内修，或只知其术用，而不知其道体，不免止于浮华，难得真实长久利益。马老所授内功之学，立足自身，身心双修，体用兼备，名为功夫，实为道体，贯穿传统文化之主线，可补各家所学之所遗也。愿有缘见者，切勿轻之，早日领会内功养生修心之妙用，得真实好处，惠及家人，传承国学，利益众生！

感恩马世琦老先生！

众弟子及学生叩拜

2015 年年末

前言
顶天立地才是桩

我自幼习武，恩师文肇楠先生，师伯关秉公先生，十余年来对我不遗余力地教导，使我学会怎样做人。初入门，恩师第一句话就是"有德者必有所得，无德者不教"，这句话我会铭记终生，如今我年过古稀。当年对我悉心指导的还有夏清福先生、韩兰羽先生等，我最大的遗憾是没有机会报恩，只能牢牢记在心中，正如老子说的"死而不亡者寿"，他们正是死而不亡，他们的德行影响了我一生。

前辈们常说："练者如牛毛，成者如麟角。"为什么会这样？是因为不得正法，不明道理。我自己当年也是痛下功夫，也认为三体式越低越好，马步蹲得时间越长越好，年轻时我能抱50公斤重物单腿蹲起数十次，自认为异于常人，但站立时一般成年人用力一推我也要往后退，无论直立还是屈膝而立，结果是一样的。我忽然明白了一个道理，马步站得越低，三体式后腿越曲，在腿前面的肌肉又僵又硬，后面的反而越来越软。

为了弄明白为什么下这么大的功夫仍与常人没什么区别，我高中时便努力自学中医，在读《上古天真论》中"上古有真人者，提挈天地，把握阴阳，呼吸精气，独立守神，肌肉若一，故能寿敝天地"之前，我已经通读了南京中医学院的《中医学概论》《针灸大成》等。读了《上古天真论》后使我豁然开朗，后又参学了《道德经》《黄庭经》《内功经》等，我忽然明白了头顶为乾，足底为坤，正好契合了"提挈天地"，背为阳，腹为阴，合于太极生两仪；两仪生四象，我们的腿为前后左右四面，正合四象，大腿后侧为太阳，太阳一定要开展，因此必须直立，越下蹲太阳越闭藏，非但阳面绵软无力，而且对健康有极大损害，不说膝盖要受重创，太阳经不通畅对脏腑的健康也有极大的危害。讲到"独立守神"，重点从形上讲，独立绝不能是独蹲，立就是站直了，自古就有站桩功，而独立守神即是站桩功，三体式也是站桩功。祖师爷李洛能先生有这样一句话，"形意拳无屈膝折腰之苦"，为什么我们拼命屈膝折腰？就是没有"把握阴阳"。

中国的文字之所以奥妙，那是古人智慧的结晶。古人讲站桩，"桩"字的含义是直立，我们看到工地上打桩，桩必须是笔直的，有一点弯曲就是废品，因此我们站桩，自己就是桩。你腿越弯，你阴面练僵了，阳面练软了，第一损害健康，第二阳面无力。我们的腿像一张弓，前面（阴）是弓背，后面（阳）委中大筋是弓弦，弓用力下弯，弓弦自然松弛无力，这叫"软"，不叫"柔"。有些人把站桩理解为"站在桩上"，拿两根木头插在土里，人在上面站，但他知道拿两根直立的木头做桩，也说明桩是直的。老子有一句话是"以木强则共，柔弱处上，强大处下"。参天大树从小苗长成后，树梢要柔，树干要坚实，树根要稳固，如按两仪、四象、八卦之理练内功方能合于道，也即合于自然。小树因人为将枝干弯曲而不再生长成为盆景，人极力下蹲则气血不畅正如盆景一样。有人认为我站的是高桩，我认为我就叫站桩，屈膝下蹲不能叫低桩，那根本不是桩，因此顶天立地才是桩。

我本不愿把多年练功和教功的体会以成书的形式推广，因为武林泰斗和超级大师们大多在教学时叫弟子们几百斤杠铃蹲起多少次，扎马步多长时间。据说还有负重往山上跑，我想这些可怜的弟子们绝大多数膝盖要做手术。为了后学者，希望大家用心想一想，选什么样的师父，学习什么样的功法，首先要考虑是否健康。

我仅希望这本书能够让初学者一目了然，看完后即可着手练习。本人发愿让更多的人树立信心，勤加练习，大家身体强壮健康了，这是我最想听到、看到的。

预祝读者及其亲友们健康快乐。

马世琦

2015 年 12 月

特别注意：

书中的桩功八式必须从第一式开始练习，在身体恢复健康且具备一定功力后才能练习第二式及更高阶桩功；不宜越级练习。

上篇 见道

提挈天地，把握阴阳，无屈膝折腰之苦。

外正身形，内补正气，调柔心性，身心

皆合于天德地道。

第一章
忧国术之日下，示真学以正视听

逝去的武林，没落的形意拳

提到《逝去的武林》，估计大家都看过，为什么要叫"逝去"呢？就是因为历史的变迁、朝代的变革，过去很多传统已经被咱们中国人自己给消灭了。为什么呢？有些传统的东西非常难懂。比如像古文，读起来非常艰涩，不容易被理解。古人用的语言非常简练，不像现在白话文，一说就明白。所以有些人看不懂，于是就想消灭它。就像现在中医一样，不懂得中医的人，一心想要消灭中医。实际上，中国的文化是非常珍贵的。靠谁来继承呢？就靠咱们老百姓，有志之士吧！要发扬光大，传承下去，因为好东西不可能彻底被消灭。像《逝去的武林》，它把过去那些名师、大德的东西都介绍给你了，告诉你有这么回事。历史上形意拳曾经辉煌过一段时期，**形意拳无论从实战上还是功法上都是最上乘的，而且大师非常多**。现在没落了，成什么了？已经提不起来了。

现在好多练形意拳的，都在练套路、表演，而内功根本就没有。

内家功是什么呢？你没有内功，就不能叫内家功。现在形意、八卦、太极，被称为内家拳。**称为内家拳，却没有内家功，只在拳脚上下功夫，只剩套路，已经跟内家没有关系了。**套路无所谓内外家。比方说，你要是练的套路不是形意、八卦、太极，而是自己编的，当你内功非常精湛的时候，也是内家拳。为什么呢？你练的是内功。

本门师承

从形意拳的历史讲，简单介绍一下咱们的师承。形意拳祖师李洛能，他是在山西学的戴家心意拳。他37岁入门，学了十年以后回到河北深县。他自成一派，创立了形意拳。他站桩的那些功法，就完全是自己的东西了。之所以能成为一代宗师，是因为他有自己的东西；如果完全模仿前辈的东西，那就不能称为一代宗师。李洛能号称是"神拳李老农"，也是神拳无敌嘛，他在技击方面非常厉害。他所传授的，有名的是八大弟子。这八大弟子是刘奇兰、车毅斋、郭云深、宋世荣、李镜斋、白西园、李太和、张树德。其中最出色的，被称为"四大金刚"，是刘奇兰、车毅斋、郭云深和宋世荣。咱们这支是从刘奇兰传承下来的。车毅斋功夫相当厉害，固定在山西太谷的一个豪门教五百家丁，他就不出来了，他的徒弟布学宽，也在山西教。郭云深是全国到处游走，号称半步崩拳打遍天下，这个在《逝去的武林》里介绍过。宋世荣也非常厉害,他得到《内功经》以后，参透内功习练精要自成一派，称为宋氏形意。这八大弟子能自成一派的就是宋世荣，叫宋氏形意，他的功夫据说很厉害，他也在山西太谷教拳。刘奇兰呢，他的传人中有一个叫周明泰的相当厉害，在北京，现在很少有人提。刘奇兰徒弟，比较有名的有李存义，咱们这一支就是从李存义这儿传下

尚云祥先生（1864~1937）

来的。李存义再往下传的包括薛颠，还有天津的唐维禄，咱北京的就是尚云祥。尚云祥能称为尚派形意，他自有他自己的东西。

桩功是根本

尚云祥教徒弟，进门先站三年桩。为什么？桩法很重要。他说通过自己往下传承，发现桩是最重要的，不站桩只打拳，累死也没功夫。这我深有体会，**桩功是练内功的必经之路**。如果你打拳打套路，打几十套、几百套，那只是动作，动作谁都可以编，

编得越好看，就越吸引人。为什么好多人都在练套路而不站桩？因为枯燥、乏味。**站桩没有观赏性，而且自己感觉也是枯燥的，难熬啊！确实难熬，但它能磨炼人的意志力，也是一个修心的过程。**

好多参禅的人是打坐，往那里盘腿一坐，也很枯燥，当然他们有追求，追求成佛啊、成道啊、成仙啊。像咱们练这个功呢，实际上也跟修道是一致的、统一的，坐是禅，立也是禅嘛。在汉朝之前，在佛教引进中国之前，并没有打坐的概念，炼气以站为主。后来道家也打坐，为了修内丹。后来据传，张三丰感觉打坐非常枯燥，他就创了内家拳，三丰太极，张三丰创的，是不是现在的三丰太极就不知道了，咱们也无从考证。后来内家功以张三丰为代表，这些东西都是有一代一代的传承的。过去拜师都非常严格，你拜师入门以后，有义务要往下传承，不是拜师以后就自己练。应该把这个正确的功法往外传播，这也是在修自己的德嘛！

前几天我一个弟子专门拿来一本马王堆汉墓出土的医书给我看，里面有一段讲怎么炼气，也是站着练，那些动作要求跟咱们的站桩都能对应上。马王堆是七十年代挖掘的，我从六十年代就开始直着站桩了，这也印证了咱们的功法是正确的。

现在有好多咱也不知道叫什么的功，自己发明的也好，琢磨出来的也好，大肆宣传，也有很多人去学；尤其是媒体一炒作，人们马上就趋之若鹜，以为那是最好的。我认为，适合自己的是最好的。在咱们这儿练站桩的，基本上都是练了三年以上的，所以我认为能坚持三年下来的，这都是精华。不容易啊，你想想，往那一站两个小时、三个小时、四个小时，甚至多的，能站到六个小时呢！这需要什么样的毅力才能坚持下来呢？咱们北京的，现在学起来比较方便，但南方像深圳的、广州的，他们也都学得比较认真，说明好东西还是容易被人们接受，但不是说谁都能站。

咱们讲到尚云祥这支的传承，尚云祥下面也有很多徒弟，也有好多很出色的。我的师父文肇楠，他是许笑羽的徒弟；我跟我师伯关秉公学过，他是陈子江的徒弟；陈子江和许笑羽全是尚云祥的徒弟。

尚云祥教拳的时候要求必须得站桩，我听师父讲过。我11岁入门，学的也是长拳，劈叉、踢腿、打旋子，也是练那些花活儿，就是现在的长拳。我到16岁，我师父师伯他们，老在底下说，桩功有多么好，有多么奇妙，但是能站桩的还是不多。我听了以后，就决定开始站桩。我师父教了很多摔跤的，他们摔他们的跤，我就站我的桩，我看着他们摔跤。我师父摔跤也很厉害，专学摔跤的人呢，到最后摔得都挺棒的，那我也没学。我发现站桩是最好的，所以我一直坚持下来了。

刚才说到你们的师爷，我的师父文肇楠先生。我的这个老师啊，说句实在话，这个人的人品是极好极好的。我的师兄弟们，我的师叔师伯他们，也都是常在一起。你们（在座的学员和徒弟）到以后，晚年时聚在一起，好好练练功，一块儿交流交流，是个很好的事儿，希望大家能互相取长补短。你们都是跟我学的，但是每个人都有自身特点。为什么这么说呢？当年在那个五十年代

文肇楠先生（1920~1986）

末、六十年代初的时候，到六一年就挨饿了嘛，就粮食困难了。在五十年代末的时候，那时候就我一个，跟着我师父、师伯、师叔他们一块儿到北海小西天，我看着他们练。他们都是长辈，就我一个学生。他们是一个师父教的，但打的拳各有特点，都不一样。我琢磨着，可能是自身条件不同吧：人有高有矮，高个儿的跟矮个儿的打得就是不一样。所以不要从套路动作上来评判人的功夫好坏。咱们这有的人拳打得非常少，但内力相当好，他就是老老实实站桩。这就说明内修、内练是最重要的。打拳是一种辅助，要把站桩功作为主修。

武术中最大的误区

刚才说到咱们的传承，我跟夏清福夏师叔学过三路太极五行锤，我舍弃了。为什么？我发现有些东西式子下得越低越没用。我在 22 岁正式教拳的时候，完全舍弃了低桩，舍弃了下式，一点儿都不用了。太极五行锤起手叫"童子拜观音"，是三个挤手，动作是一条腿蹲下去，另一条腿伸出去，单腿蹲起三次，膝盖非常痛。后来学得再熟练我也不练了。为什么？我觉得没有用。你蹲下去干什么呀？你蹲下去打谁啊？形意拳说"打人如走路"，走路就是直着走嘛，对不对？你蹲着走也打不了人。所以理解老祖宗的东西，要从字面上理解。祖师爷们都说过这句话，李洛能是这么说的："形意拳男女老幼都可以练。"这句话最重要："无屈膝折腰之苦。"这七个字多么好理解啊，无屈膝折腰之苦，那你为什么要屈膝呀？为什么要折腰呀？所以说，这一句话代表了形意拳就不能蹲下去。

习武要会读书

所以说要读书，要会读书，要能够跟咱们老祖宗沟通，用神来沟通。为什么？咱们祖宗都给你说明白了，无屈膝折腰之苦，谁都见得着，这都能查到，李洛能说的。为什么没有人去实行呢？都还在这儿蹲得越低越好，为什么呢？不明白阴阳，不懂得什么叫"提挈天地，把握阴阳"。这跟过去有些练功的人的文化水平有关系，不是没有关系。理解老祖宗的著作，一定要正确，现在有好多都是在那里歪着理解。比如说站桩，站在桩上，弄俩木头橛子往地上一钉，站在桩子上叫站桩。其实，站桩是什么？你自己就是桩嘛。为什么你要弄个木头桩子？再说桩是直的，怎么去理解这东西呢？**从字义上讲，桩就是直的，你站，就要顶天立地，你蹲下去就不是桩！**

不光是形意拳，别的拳也不能蹲下去。我练太极也不蹲。后来我发现，只有顶天立地这样的功法，才能练出腿的四面劲来。迄今为止，我还没听说过其他功法能练出四面劲儿。腹为阴，背为阳，后面为阳面，蹲得低了就把阴面练僵了，阳面练软了，所以就练成僵和软了，而不是刚和柔了。因为你阴面练僵了练硬了，它就是叫僵嘛，阳面你闭藏了，那就错了。从我教拳开始，要求阳面一定要打开。我22岁那年，跟着我关师大爷，还有我师父文肇楠先生在筒子河边上整理了十二形，还有五行拳。现在我都是按关师大爷的打法，有开有合。形意拳有好多都是大平板儿的，

为学员讲解站桩原理和要领

胸部永远对着前方，没有开没有合，努气使力，咬牙瞪眼，都是这么练，看着挺凶的，跟南拳似的，特狠，有劲儿。错了！劲儿在自己身上。

人呢，为什么不能弯着腿？弯着腿，你膝盖就承受着全身的分量了，马步蹲下去以后，你的重心在后头，你要倒；用什么平衡呢？用膝盖来平衡它，所以说这是错的。可能是跟我的职业有关系，我是搞机械设计的，设计每一样零件，我都做受力分析。人我也分析，马步一蹲，这就是膝盖在受力啊。别处练不着，把后边练得特软，前边练得特僵，所以就从这方面，我悟出了一定要顶天立地。

没用的马步

现在国家好多体育部门都崇尚马步，说马步太重要了。我说马步太没用了。我敢说，谁练马步，谁是练挨打的。动也不灵，双重失灵。你马步一蹲，蹲平了是吧？达到最佳状态就是要倒不倒，这个状态是最好的。这时候你腿前面是僵的、后面是软的，没有劲儿，一推就倒。说马步往那一扎，推不动，那是金庸说的。事实上一推就倒。

为什么不能蹲马步呢？双重失灵，两脚你想挪步都挪不了，你把重心移到一边去，你再动就晚了，人家给你打倒了。马步多少有点用，骑马的时候可能腿得弯着，那是你在马上，不是你在用劲儿，是马在用力。还有我观察过撒渔网的，撒渔网时微蹲一下，腿弯一下，两条腿站平了。他那样重心低一点儿，网飞出去不会把自己带水里去；如果说你高高地站着，一撒网也许给自己带水里去了。所以他把马步站那么低，只有这点用处。还有一个过去推那独轮车的，也是腿弯着点儿。所以蹲马步不能把它用在练功夫上，只能用于表演。你看好多练表演功夫的，就是卖艺的，他蹲得低，式子下得低漂亮好看，站高了不好看。

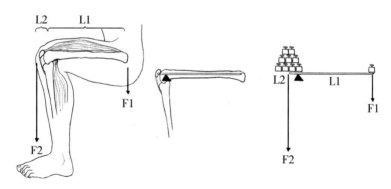

马步受力分析简化示意图

下蹲后膝关节与股骨、髌骨构成费力杠杆，由于力臂 L1 远大于 L2，导致作用于膝盖韧带（髌腱）的力 F2 需要远大于向后倾倒的力 F1，才能维持人体平衡。

马步导致膝关节受损的生物力学原因

维持平衡的膝盖韧带拉力 F2 为股四头肌收缩产生的拉力 F2′ 的反作用力，即 F2=F2′。在膝盖弯曲时，F2 和 F2′ 产生一个施加于髌股关节的合力 F3，F3 的大小随膝盖弯曲角度而变化，如下图曲线所示：

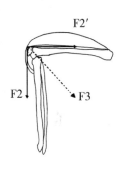

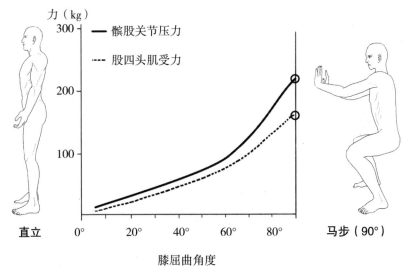

结论：

在蹲马步时，股四头肌受力可达体重的 2.5 倍，并长期处于疲劳状态，导致肌肉僵化。髌股关节受力可达体重的 3 倍，极易造成关节紊乱和劳损。

数据来源：《肌肉骨骼系统基础生物力学》（Margareta Nordin，Victor H.Frankel）

中式瑜伽

今天上午又来了一个学员，是十年前跟我学站桩的，现在又回过头来了，又开始站桩了。她学了十年瑜伽，什么受益也没有，一点用也没有。她就是伸伸胳膊压压腿，这是中式瑜伽，不炼气，就是肢体动作，当然印度瑜伽人家没准不教。我感觉印度瑜伽也是很神奇的东西，到咱们这以后就成商业了，他那些东西就取消了。你光炼气都是枯燥无味的嘛，谁也不愿意炼，都愿意练练动作，好看、柔软，把腿这么一掰能挂脖子上，你给我撅折了我都挂不上。他们就觉得这个很美，到电视台一表演，两腿都挂脖子上，能表演。你说这东西有意义没意义？我说这意义不大，对养生并没有多大的好处，就是柔软点。

表演功夫

现在有一些练硬气功的，也只是表演。咱讲了表演的东西和养生的东西还是两码事。像那些翻跟头、劈叉，高难动作，这一个空翻接个劈叉落地了，很好看，但往往就把人练伤了，这属于表演功夫。为什么呢？咱们现在绝大多数人喜欢观赏，"哎哟，漂亮，这个动作美"，这人就追求美去了，但基本上到最后能上电视、能演电影的是少之又少。到某些武校呀，都去学功夫去了，学了半天，学伤了的、学坏了的、完了又找不着门路了的，最多找个地方当保安去了。那些东西不能用，真在技击方面，他能打没练过的，可能打老头老太太还行，真打有劲的人也打不过。为什么？我上期在苏州同里培训班遇到两个小伙子是某武校学出来的，我问："你们那学费多少钱一年？""一年好几万。"学费好几万。我说"我跟你试试"，我这是挑战他了（笑）。因为他 19 岁，他从小学武术嘛。老头欺负小孩，我有点欺负人（笑），这没关系啊。我就是跟他说呀："你学的这东西一点用都没有，除了把自己练伤了，这不能用啊。"他也不言语，为什么？这就是把生命浪费了。

你看去年，有人站出来，跟大家道歉，他说自己演完电影以后呀，误导了很多人盲目学功夫。他说自己学的是表演，不是功夫，他承认不是功夫了。他自己说的啊。因为他学佛以后，他悟明白了他那是表演，所以要分清表演和功夫绝对不是一回事。**功夫没有观赏性，你看往那一站，你桩功八式都站下来也不好看**。没有人说："哎哟，我看着这好看，我看着这新鲜。"我有时跟他们讲，"站桩啊，没有观赏性，一站，站一小时，我卖票啊，看一小时一百。给你一百，没准你一小时都看不下来"。站桩不好看。那些翻跟头劈叉，确实社会需要，它有存在的道理，让那些人练去。作为咱们来讲，要把正确的东西传下去，我希望让更多的人健康，有病的让他病好了，没病的让他不生病，这可以做得到。

练武能不能强身

刚才说的那位演员，前一阵现身北京，面部略有浮肿，他说"练武不能强身，该病还是得病"，还说自己"心态好，笑对人生"。我说，他这笑是苦笑，他说的练武不能强身，那得看练什么。咱们练的这东西，一定让人学完以后得到健康。为什么这样说呢？我已经做了证明，我教了49年，很多疑难杂症，甚至说无药可医的病，都通过练功站桩站好了。所以，**说练武不能强身，你得分清楚练的什么武，要是练把式、练表演的，那确实对身体有伤害**。我建议我讲完了以后，我把这些桩功、动功，语言上不能表达的，要录成视频，让大家看完以后，通过视频、文章，能够完全掌握。

现在被媒体炒作的，有好多东西都是误区。今天有人说了，她认识两个朋友，都是练太极拳的，膝盖都坏了，只要下功夫练，没有一个不坏的。太极拳是中国老祖宗真正智慧的结晶，我绝对不敢说太极拳是错的。太极拳是非常好的一种运动方式，但是你学错了、教错了，就是误导。

咱们站桩，要顶天立地；打拳的时候，像走路一样。形意拳《拳经》里说："打人如走路，看人如蒿草。"你蹲着走路，行吗？打人就得直着走，咱们当然不提倡打人啊。中国的形意拳，要打人是非常厉害的，现在的形意拳根本就不能用！为什么呢？他失去了过去那些精髓的东西，都给取消了。他让你站三体式，蹲得越低越好，甚至后腿膝盖都快跪下了，那意思这个功夫是最高的。

蹲得越低，功夫越高，确实，蹲得越低越困难，这我不否认，但是你蹲得低，要达到什么目的呢？你是要养生呢，还是要有实战意义呢？都没有。

要说为了表演，形意拳没有长拳好看，长拳起码有翻跟头劈叉，有观赏性。你看电影里那个，看上去特漂亮，一个是电影特技，另一个他练的那些东西完全是适合表演用的。内家拳一般表演的价值并不高，太极拳要是打好了，打得挺慢的，半个小时，看着看着就烦了。

现在的太极拳也连蹿带蹦，有表演的价值了，在大前年春节晚会，两个小伙子在那表演太极拳，整个力完全在一条腿上，蹲在地上，擦着地走，他们年轻啊，20来岁。到40多岁他们还那样，膝盖不做手术那就怪了。他们现在都在这么练，就要求你站高了不行。

内家拳的真正定义

什么是内家拳？从拳的套路上来讲，他们讲形意、八卦、太极，这为内家拳。拳是拳，但是跟内家有没有关系？是不是练内功？有很多人把拳打得特漂亮，跟内家没关系，他不练内功。套路，在我这儿看吧，无所谓内外家。如果说不练内功，你形意拳练出五行、十二形、四把、连环、八式、十二洪锤、杂式锤……你都练到滚瓜烂熟的也是外家拳，他只是个表演，跟内家没关系。为什么现在人编出这么多来？他为了吸引人。你看有很多特有名的"大师"，会几十个套路，甚至上百个套路，打得也漂亮，但是只能作为一种娱乐，他喜欢这个嘛，有人喜欢这个。

我们师兄弟到一块聚会的时候，其中有一个师弟，会很多套路。从前年开始，我教他从头开始站桩。我说你练一千个套路，练一千遍，一天下来，未准有功夫，你照我说的站桩，站到两小时，血压高能降下来。现在他非常听话，每天都站桩。说明什么呢？**桩是根本，套路是骗人用的。**我练得特花、特漂亮，高难、奇险，一看特别有观赏性，但是这个不养生啊，是给人家看的。咱们要练，第一使自己健康，第二使周围的人健康，第三你还能够把正确的东西传承下去。

站桩不是一般人能站的，很多学生都说："这么好的东西，应该让更多的人去学。"后来我发现，不是那么回事儿。上回有人送我一本书———《逝去的武林》作者写的第三本书，书中讲到尚云祥在大学里教拳的时候，头一年去教，他去了就教站桩，别的什么都不教，结果人越站越少。第二学期再去，一个人都没有了，全跑去学套路了，之所以套路容易被人接受，因为它看着热闹，连蹿带蹦的，一般人以为那是功夫，实际上是一种表演形式。这些东西早在唐朝的时候就已经在社会上流行了，过去叫"百戏"，就是这些东西。如果将这些东西作为主流去练，你练到死也出不了功夫，可能在 30 岁之前翻个跟头、劈个叉还能行，你到 50、

60 岁再翻跟头就翻不动了，有年龄限制。内家拳跟这个正好相反，李洛能讲过，"不分男女老少都可以练习"，你要是分成男女老少，那就不是内家拳了。内家拳就是让你放松、守静、守神，按过去道家讲的东西，这才叫内家功夫。

有很多练功夫的，例如八卦掌，打起来非常漂亮，转起来还好看，他们认为这就叫内家拳，其实不然。我有一个朋友姓田，他的师父周先生在北京虽不出名，也是个顶尖高手，功夫极好。周先生是八卦掌传人，但他一圈不转，绝不绝？八卦掌都是转圈嘛，他是一圈都不转，他就是练两样：站桩和拉着步走。站桩的脚下步子和咱们三体式一模一样，手上跟咱们第六式一模一样，他就站这么一个桩。我这朋友（周先生的徒弟）一天练 6 个小时，从 50 多岁开始练，今年 78 岁了，他一直每天坚持 6 个小时。拉着步走，跟咱们的拉步走一模一样。他的手就在前面推着，脚底下拉着步走，就这么两个动作，所以他的功夫非常厉害。我这个朋友在我见过的人里面，他的功夫算是最好的。为什么呢？**越简单的东西越不容易被人接受，反而复杂的东西容易被人接受。**一看这个漂亮、这个好看，这就吸引人嘛。因为如此，很多人编了很多套路，突出高难、新奇。我看过一个东南亚的武术表演，巴基斯坦的一个人得了个冠军，表演的是南拳、南刀两项，总分第一。那个动作就是高难：一个跟头空翻翻起来，单腿跪地。有一个女孩子表演，太惨了，应该一个跟头翻起来一落地，单腿跪地，一只脚沾地。这女孩子腿没支好，两个膝盖"咚"就跪地上了，不受伤才怪呢！那都是年轻人练的。

作为咱们来讲，男女老少都要练真正的内家功，要达到养生的目的，不要把自己练毁了。有些人练伤了以后还觉得挺好，觉得就应该是这样的，"不受苦怎么叫功夫啊"？但"苦"跟"苦"不一样，**咱们站桩三个月的苦，熬过来你就不觉得苦了，而他那种练功方法是苦一辈子**。刚才又讲到"内家""外家"，我在2004年的时候，那时徐文兵在三芝堂租的房间，我教了五个老外。其中有一个叫托马斯，大家都听说过，他跟我学的同时还在学八卦掌。开始他问我："马老师，我要跟你学站桩，还能不能练后天八卦掌？"那会儿我跟他还不熟，不知道他能坚持学多长时间，我就说你可以学。八卦掌不就都说是内家拳嘛，不过在我看来，转圈不是内家拳，那就叫转圈，转圈跟内家拳有什么关系呢？有尹派、程派，还有马派、梁派，多了去了，每个人打得都不一样。我会两派的，打得都不一样。为什么呢？你喜欢什么样的，你练什么样的；我编什么样的给你看，你就学什么样的。你喜欢蹲着转，我就让你蹲着转；你喜欢半蹲着转，我就让你半蹲着转，这就是根据人的喜好，这人都爱好不同。托马斯又去转了半年，整转了半年，我看他也不走，后来我说："托马斯，我给你演示一下后天八卦掌是什么样的。"我就学了一个把腿撩起来，在八卦掌里叫"趟泥步"，把腿撩得挺高，他一看说，"对，这叫鹤形步，就是这么练的"，我说："这有用吗？你走走看。"他一走，把腿一撩，离开地面起码得有半米以上，鹤形步嘛，那鹤走路不是腿趟着泥走，它撩着走。他脚一起来，我在他肩膀上拍了一掌。一拍他，他离墙得有三米，你想一条腿啊，我一拍他，就把他撞到墙上去了。我知道那墙是木板做的墙，撞不坏他，"嘣"的一下又弹回来了。我就笑他。我说："托马斯，你两条腿我都能给你打飞了，你这一条腿飞得更远。"他说："哎哟，这不能用啊？"我说："你觉得这有用吗？"他说："没用，看起来不能练了，可是怎么说呢，跟老师怎么开口说不去练了呢？不好意思啊。"我比他心眼多点，别看我这人是愚者，但是我比他心眼多点（笑），我说："你跟他打个电话，就说这边加课了，一三五、二四六都有课了。"他就打了电话，不去学了。他还好心眼，又动员史蒂夫来学。史蒂夫来了站桩皱着眉头，烦得要命，学了一次，不练了，觉得站桩没用，还是后天八卦掌有用。我说："那你还是让他转去吧。"他又去转了三年，把膝盖转坏了，才又回来跟我学的。所以说，**内家拳、外家拳，不是在套路上区分，而是在于是否练内功**。史蒂夫过来以后就从头站桩、做动功、推手，现在他很厉害了，身体也好了，他自己都说"马老师，没有你，我就死了"，他自己深有感触，确实练错了。功夫下得越大，受害越深。

所以什么是内家，什么是外家，大家都清楚了吧？不要认为套路就是内家，只有练内功才是内家。像刚才说的八卦掌一圈都不转，就是拉着步走和站桩，他们叫"推船桩"，就这么两个动作，比咱们简单，少得多；咱们桩功八式，还有动功八式，咱们的东西容易上手，他那个更枯燥，谁练那个？有智慧的人才能练，没有智慧的人练两天就给练跑了。所以说内外家要分清楚了，比如说套路是外家的，可是我内功极强的话，我打出拳来就是内家拳，跟套路没关系。我小的时候学拳，入门先练弹腿和岳氏连拳。你要是站完了桩，把内功练成了，你练岳氏连拳，你出手就是内家功夫，功力极大，杀伤力极强，那是不可抗拒的一种技击手法。大家在这学散手的时候得把这个学一学，不一定要练套路。**内家以桩功炼气为体，以动作为用，动作是无所谓内外家的，什么动作都能打人。**过去有人跟我学的时候，对我意见大，说："我进门的时候，一掌打我一个跟头，我跟他学了十年，一掌还是打我一个跟头。"我说我出掌和你们一模一样，为什么你打不了我一个跟头啊？因为你不好好站桩。

把太极拳练对

太极拳，都说把腿练坏了，但**太极拳本身是非常好的东西，你练对了，就非常好、养生，练错了，那就伤害身体**。现在我也教太极，我教吴式太极，不是说我练什么就说什么好，我要是练别的太极，也不让你蹲下去。我那师弟，家在平谷，他在杭州、济南、烟台这三个地方，用他的名字开了三个太极学院。他是学杨式的，原来他跟我师大爷王树君学过陈式，后来一直坚持的是杨式，他现在教杨式了。他说吴式太极现在被人发现养生

效果特好，越来越被人接受。我
说本来打吴式太极活过 100 岁的
很多，90 多岁的不在话下，人
们都需要养生嘛。他练了一辈子
了，也有近 60 年的功夫了，他
跟我岁数差不多。

习练吴式太极拳

　　我到处宣传不能往下蹲，因
为太极拳是咱们老祖宗智慧的结
晶，你练错了还骂老师，你老师
也错了。那老师也说："你腿坏了，
我腿也坏了，我师父腿也坏了。"
意思就是必须得坏。到我这，你坏了也得好了，不能违背自然、
违背道。咱们说顶天立地，你是人。为什么你两条腿行走？你是
直立的，这是老天爷给你就这么设计的，你再蹲下去，那就是违
背天意，这本身就是错误，愚人才这么做呢。现在愚人太多，一
看电影就受影响。曾经有一个武馆的馆长在电视里说："我已经经
营不下去了，某某电影一上映，我那里爆满。"人们糊里糊涂地
就追。你明不明白啊？为什么要追他啊？他说得对不对啊？你得
自己有智慧。

　　所以要给人说明白了。虽然我是不遗余力，在全国各地都在
宣传正确的，当然听我的人，信我的人也不少，但是能坚持的不多。
为什么啊？还是个缘分。他能不能接受这个呢？有人觉得趴在地上特别漂亮，有观赏性，也许哪天能拍电影，拍电视，但是那希望太微茫了。《少林寺》电影演完了以后，全国有多少万弟子在那学少林功夫，有几个上电视上电影的？很少很少的，所以说为了健康，你学正确的，你得自己有智慧。

功夫要能用，手下要留情

现在练其他拳法的人说"四十不做拳（对打），五十不推手"，有一定道理。他们推的是手，咱们推的是腿。所以他们到 50 岁就不能推手了，他们胳膊没劲了，他们打也打不动了，因为到 40 岁了，肾气衰嘛，没力气了，他们靠力、靠肌肉力量，所以他们打不动了。但咱们这个没有这种状况，我到处讲课，我说我已经 70 多岁了，我还照样能打，我也不怕人家挑战。我出去讲课，挑战的多，感觉好奇的人也有。他问完了想试试，这是好奇的。一上来就"马老师，跟您试试"，这就是挑战的。这都能感觉得到。他就是瞧这个老头一打就倒，都是这么想。咱们这不主张和别人争强好胜去，我没找过别人，都是别人找我。这也没关系，只要你不伤人就行。你不要伤害他，他跟你差太远的时候，你用一成力能把他给打翻了，你别用两成力，两成力他就伤了。所以手下得留点情，也是在修德嘛。所以这东西，功夫啊，咱们不主张出去和人家挑战，但是要能用。你学功夫学完之后要不能用，那叫功夫啊？你学它干什么啊？

春风吹又生

刚才我讲，有人说练武不能强身，这句话太错误了！你得分练什么，不能一概而论。咱们也叫武功嘛，内家功也是武功，只不过它有内外家之分。功夫讲内家、外家。那些打树的、撞墙的，都属于外家；还有一些是把式，也不打树，也不撞墙，翻跟头、劈叉，是属于一种表演性质的，所以得区分开了。**内家功不但实战上非常厉害，而且养生效果极好**。我刚说了，我不用说谁得什么病通过站桩治好了，将来你们这些学员、徒弟们，自己有心得体会的，你们写一写，在我讲的这些成书的时候，都附到后头。咱们都有这个义务，都有责任，你们入的这个门，学了这个东西，就要弘扬。咱们不是要出多大的名，咱们也出不了名，为什么呢？咱们跟上层人物一个都不认识，我原来开玩笑说：我认识的最大的官就是街道主任。我现在认识最大的官也就是街道主任，但是还没什么来往。就是说，咱们不认识上层，要靠自己去努力。

我们都是"野生"的，也像古人说的"野火烧不尽，春风吹又生"。咱们等着这个春风。现在正是时候，国家新领导提倡传统文化，这是一个非常好的现象。把这个传统文化弘扬下去，中华民族还有希望。为什么？中国传统文化被消灭得太厉害了，好多人因为不懂，就说这是错的。好多人都是这样的。你看，现在中医用上 CT、B 超了，当然可以用，但传统东西不能丢。在日本，中医就是中医，纯中医。韩国也是，据说都是这样的。好多好中医都跑美国去了，剩下的孤军奋战的也有好中医，但他在民间不一定能出名。这些东西还得靠咱们老百姓来传承和发扬，不能把传统文化毁在咱们手里头。

我为什么要这么说呢？我师父说过，"如果形意拳不发展，一代不如一代，这是挺悲哀的事儿；如果发展起来，应该是值得庆祝的事儿"。当时我把好多功法都改了，在我师父在世的时候我已经证实了。我当着师父面演示的时候，我师父非常高兴，像一般的师父绝对不干。据说有一个练太极的高手，他收的一个徒弟，改了几个适合自己的动作，结果被师父知道了。春节的时候他去看师父，师父把他买的东西从窗户扔到院子里，说："滚蛋！以后不许登我门儿。"因为徒弟改了东西。我估计改得也不对，你看我改了为什么我师父就觉得特别好啊？可能我改对了。所以说，我师父对我非常好，我永远感恩。我师父就是去世得太早了，1986 年就走了。我这现在在世的师兄弟还有不足十个，现在如果有时间，也能聚聚，在一块儿聊一聊。他们一直坚持练功，也有人按我的说法去站桩，为什么？我教的桩法就是直立站桩，不让你痛苦。

2015年10月同门聚会合影（从左至右分别为：文冬年、胡锦华、马世琦、吴荫农、张立业、高全利）

倾囊授绝学

我自己站桩嘛，因为我这人比较懒，最后这套路我觉得挺痛苦的，蹲得也低。那会儿练那太极五行锤，练得挺痛苦的，还练了很多东西。我说这个东西白耽误时间，我就站桩；而且站桩的时候，我发现了，站直了腿才能找着四面劲来。现在唯一这能找到四面劲，你上外头去没有这个。咱们说，不要跟人家说啊，其他人绝对反对你，他不会接受你的说法，他说你胡说八道。其实四面劲，我这次讲出来，如果说谁要看这本书，他有兴趣，他肯定也能练出来。为什么？我都讲明白了，我不会给你讲手怎么出、脚怎么落、胳膊肘怎么拐，脑袋又什么样儿，不讲这些，我跟你讲那么多，把你讲糊涂了。我就讲这四面劲儿是怎么形成的。过去我还说，你们在外头别教人家这个；我现在要把这个公布出去，让大家都明白了。因为像这东西不是个人的，不要据为己有。据为己有，你自己有这想法是错误的。

前天小洪上我这儿，他说一位大师，过去学是一年10万，就是教你功夫啊，手把手教你，现在30万了，咱们不说是谁，他那功夫好不好那另说。咱们也不是说人家发财不对，发财也对，你愿意去嘛，"损有余而补不足"嘛（《道德经》），那些都是有余的人才去练的。上次我讲过，有的大夫挂号费越高，人们觉得这个大夫越好，看病的人越多。所以你收费越高，也许人们说这功夫真好；你要不收费，他就说你这功夫不行，好多人都这么认为，不收费的肯定是功夫不行。

咱们这东西合于内家，合于内家就是合于道、合于自然。你看我一再讲，咱们要顶天立地，咱们这个跟他们不一样的地方，到咱们这马步绝对不许练。大概能知道了吧，内家和外家的区别？炼气、练内功的是内家，套路什么的都不是内家，全是外家。你就叫形意、叫八卦、叫太极，也是外家。为什么？因为现在都是表演，那八卦掌转圈，吱溜吱溜转，一天最多转个一千多圈，也一无是处啊。当然他喜欢就行，人各有爱好，咱不能强求人家你别转圈了，喜欢转还让他转。作为你们来讲，你们要影响你们周围的人、亲戚朋友，你就说好好站桩吧，养生效果好，达到目的了。

第二章
文化待归根，复命尊圣贤

约定俗成，文化失真

咱们现代人，从字面上有好多人的理解是错误的。就说独立守神吧，有些人就说，独立守神是金鸡独立，《黄帝内经》就没有"金鸡"这两个字，他加了个金鸡独立。据说有一个大师发明了一个金鸡独立桩，站不了多一会儿。一条腿翘着，晃晃悠悠，本身左右阴阳就不平衡了。咱们站桩站的是平步桩，要求你两边要对称的、平衡的，要尾闾中正，要求你做到阴面闭藏，阳面打开，这样你才合于道嘛，对不对？"提挈天地"，你自身就是一个天地。

有好多电视剧也是误导了好多人。现在有一种说法，你纠正他，他说"人家都这么说，这叫约定俗成"。你为什么要俗成呢？为什么你不正确理解呢？正是因为你们俗成太多了，就把中国文化的精华给冲淡了。为什么呢？举个简单的例子，电视剧中老用到"哗众取宠"，都认为是讨好大伙儿，其实正好相反，"哗众取宠"其实是把别人说得一钱不值，在领导那儿就显摆自己。所以约定俗成就这么俗成的。还有些电视节目里说："他在艺术方面有很高的造纸（诣）。"大家都造纸去了。这也能约定俗成，是吧？

有些人他是见字不认识念一半儿，这才害人呢。不认识的字儿千万别瞎念，这是对咱们老祖宗的不尊敬。你可以查查字典，有什么不对的呢？前几天看一个抗战片，讲那个将军写绝命书的时候，写了这么一句话，他自己还念出来了，说："闻鸣镝而股战，对穹庐以屈膝。"人家是"穹庐"，他念成"弯庐"。这个人是教授级的一级演员，编剧也不认得这字儿，导演也不认得，演员也不认得，最后全国人民都说对弯庐以屈膝了。穹庐是少数民族胡人那圆顶房、帐篷，那叫穹庐。弯庐是什么呀？说那个"皇宫丹墀"（音"池"），他不认得，念一半叫"丹犀"。所以见字念一半儿就错了，你不认得，我也不认得，约定俗成，俗成到最后大家都糊涂了。还有现在用得比较多的是："我跳到黄河也洗不清了。"你想想，也洗不清了，加个"也"干什么呀？不加行不行？黄河水是浑浊的，越洗越脏，应该是"跳进黄河洗不清"。还有很多很多，举不胜举。

诚敬心

所以读书要会读，读《道德经》也好，《内功经》也好，要正确理解。《内功经》好多人会背，但不会练，不理解。要用神来读，敬祖宗像敬神一样。你拿起本书来一看，哎，我喜欢，从心里先有个诚敬心。"诚而生敬，感而遂通"么。先要诚敬，过去不管什么帮派也好，匠人也好，各门各派都有祖师，家里立个牌位——"天地君亲师"，这都是平级的。天地君亲，当然现在"君"咱们不好说了，没有"君"了，现在不是帝制了。亲是父母，师是你的师长。要敬天敬地，敬父母，敬师长。

孝本身就能感动天地，有好多人因为孝，慢慢从不幸越走越顺。好多人得了病，是因为什么？他不是真孝，他是假孝；做个样子给人家看，所以他是心病。不要装假，不孝就是不孝，你改，改了要真孝。过去有人讲过那么一个故事：说一个人做什么都不顺，最后他到庙里拜佛去了，求那个老和尚。老和尚说啊："你家里有佛，你为什么上这儿拜啊？"他说："我家哪儿有佛啊？""你回家吧，回家后你看见倒穿着鞋的就是佛。"他老打他妈、骂他妈，他妈特怕他。结果他一敲门，她知道儿子回来了，开晚了挨揍啊，倒穿着鞋就出来了。他儿子一看，哎哟！倒穿着鞋的是佛，他知道他妈就是佛。从此以后他改恶向善，所以做什么都顺。虽然说这是个故事，但是中国人提倡孝道，尊师。到"文化大革命"这都给拧过来了，说你爸你妈都是地主、是资本家，这孩子得划清界线呀，为表明自己立场，组织大家去斗爸斗妈，贴大字报，有很多这样儿的，不新鲜。从做人来讲，这样做是大错特错。刚才说了，读书怎么去理解古人？你诚而生敬，不诚不敬你怎么能理解呢？

拿起佛经来也是，从心里要有个诚敬心，虽然很难懂，多读几遍，用心敬，很多人很快就通了。咱们这个桩功呢，对理解老祖宗的东西应该有很大的帮助，所以我劝大家好好站站桩，把心静下来，要能悟到空。你看佛也好，道也好，都讲空。你不空，就跟装满东西的屋子似的，全是垃圾，你好东西也搬不进来呀。所以咱们先把心洗净了，洗除心垢嘛，是吧？**你心里的脏东西就是心垢，洗出来以后你才清凉，得清凉，你才能行善。**行善不要说我为了行善而行善，不着于相，不要想让别人看见，要做的事，该做的一定要做，为了行善而去行善，想让人知道，这都是错的。

做人的资格

我们的传统文化讲仁、义、礼、智、信，这些是咱们中国人自古奉行的，但是经过"文革"，都给打倒了，做错误的理解。认为"义"就是哥们义气，跟坏人也讲义气，他们把这些罪恶都归到这个仁、义、礼、智、信上了。

做人，什么才够人的资格？什么是错，什么是对？你看对的是什么？"仁、义、礼、智、信"，是吧？佛教也讲这五条，做不到就是五恶。《无量寿经》（"浊世恶苦"第三十五）上讲，佛说过有五恶，众生现在是什么状况呢？

第一种恶人："……残害杀伤，迭相吞啖，不知为善……"就是说，你杀我，我杀你，这讲的众生，也包括动物啊。

第二种恶人："不顺法度，奢淫骄纵，任心自恣，居上不明，在位不正，陷人冤枉，损害忠良……"就是说，他在那个高位上，为了提高自己，就害他人，让人抬不起头来；把别人打下去，然后自己就上去了，身居高位嘛。"心口各异，机伪多端，尊卑中外，更相欺诳，嗔恚愚痴，欲自厚己。欲贪多有，利害胜负，结忿成仇，破家亡身。不顾前后，富有悭惜，不肯施与，爱保贪重，心劳身苦，……"佛说的，这不是好人啊，这就是第二种恶人。

第三种恶人："不良之人，身心不正，常怀邪恶，常念淫妷；烦满胸中，邪态外逸。费损家财，事为非法，所当求者，而不肯为。又或交结聚会，兴兵相伐，攻劫杀戮，强夺迫胁，归给妻子，极身作乐……"

第四种恶人："不念修善。两舌、恶口、妄言、绮语。憎嫉善人，败坏贤明。不孝父母，轻慢师长。朋友无信，难得诚实。尊贵自大，谓己有道。横行威势，侵易于人，欲人畏敬。不自惭惧，难可降化，常怀骄慢。"你看到没有，咱们没有资格批评人家啊，咱们管自己就好啊，咱们不要做这样的事儿。"朋友无信"，讲到信了吧，仁、义、礼、智、信，讲到信。

第五种恶人："徙倚懈怠，不肯作善，治身修业。父母教诲，违戾反逆。譬如怨家，不如无子。负恩违义"，这里也讲到了义。"无有报偿。放恣游散，耽酒嗜美，鲁扈抵突。不识人情，无义无礼。"你看啊，"无义无礼"讲到"义"。后文接着是："不可谏晓。

六亲眷属，资用有无，不能忧念。不惟父母之恩，不存师友之义。"所以过去批判讲义气是错的，实际上义是非常重要的，是做人的根本。仁、义、礼、智、信，就是做人的根本，都做到了你才能说成为是人，还不能说你是一个什么了不起的人，就是正常的人，都应该做到的，所以说咱们都是正常人啊。你看他讲到最后说："不惟父母之恩，不存师友之义"，是吧？这里讲义讲得很多，"意念身口，曾无一善……愚痴蒙昧，自为智慧"，这里讲到智。这人非常愚痴吧，他自己认为自己是智慧。有好多人愚狂嘛，觉得自己比谁都棒，其实是最愚蠢的人，有好多这样的人。"不知生所从来，死所趣向。不仁不顺，希望长生。慈心教诲，而不肯信，苦口与语，无益其人。心中闭塞，意不开解"。这里讲到了孝，还有尊师，讲到了仁、义、礼、智、信，都包括了。所以说古今中外，佛算是圣人，咱们孔子也是一个圣人，这些东西都是相通的，都在教你做人，做人的时候不做这五种人。

熟读经典，心智自开

过去有人修行，他就只管自己，不去批评别人，就是说你不要去管别人，管好自己就行。先管好自己，这是对的。但是要知道，什么是好，什么是坏。你要连是非都不分，那也不对。你知道什么是不对的，你不去做，知道什么是对的，你去做。所以读书要会读。你看书，指望人翻译，指望人给你去注解，未准是对的。你看注解，就像人家嚼过的东西你再咽下去一样，没有什么味儿了，你就自己多悟、多读。刚才说了，要有诚敬心，你自然就读通了。像《内功经》，我就拿过来看了一遍，后来跟我所印证、所理解的功法，完全相合。宋世荣也得的是《内功经》，他也是练成了，自成一派了嘛，"宋氏形意"。

　　一定要自己好好读书。千万不要听那个"约定俗成"的，它"俗成"嘛，大家都这么说，就认为是对的了，但是其实理解得正好跟正确的相反。所以要想正确理解，从头来。我希望大家找点经典著作，尤其学中医的。因为站桩的人吧，有很多喜欢中医，你不要去迷信某个老师有多么高明啊，就报个班学吧。当然指导一下是对的，但你得有智慧啊，有的大师看一个病人收费一万，都趋之若鹜，都去看去，认为最贵的是最好的，你别从这个方面判断。非常有德的医生呢，他可能还不要钱呢，那你不能就瞧不起人家。所以说人呐，都从消费观点来看吧，只要是贵的都是好的。学老祖宗的东西也是，你上书摊上去看，有些东西不起眼儿，但非常珍贵，要看怎么去理解它。学中医，我建议你去多买点经典，过去的经典著作，从头看，不懂也没关系，反复地看。读经也是，我第一遍也看不懂，第二遍也看不懂，就看吧，读吧，读着读着，很快一下豁然开朗，这就是开了心智了，开了智慧嘛。咱们老祖宗的东西也应该是这样读的。

　　过去私塾教孩子读书，也不让你理解，就让你背，等背到烂熟以后，长大了以后自然心里就明白了，虽然不能用白话讲得那么清楚，但他知道是什么意思了，咱们读书也应该采取古人这种方法。好多东西理解不了是你没有智慧，没有文化就没有智慧，科学技术跟文化还是有区别的。咱们中国传统文化包括知识，科学技术就像造飞机啊、造汽车啊，这东西都是比较简单的东西，并不复杂，只要工艺水平提高了你也能造。中国从解放初什么都没有，到现在基本什么都能造了，虽然咱们好多都是拆了人家的去照着画，照着做，做得没人家的好，但也能做出来。所以说传统文化不一样，一定要靠自己去理解。

像这个经典之所以成为经典，那就是真理。当然真理有相对真理，有绝对真理。**自然是道，自然规律是绝对真理，谁也违背不了的，不是以人类意志为转移的，就是绝对真理。**相对真理呢，你的权力比较大，我权力小，那你说的话就是"真理"，我就不是"真理"，这是相对的。不要以人类的意志，把自己的想法强加给古人。咱们老祖宗说这些话，你给歪曲了以后还给别人讲，就是在害人！所以你自己多看，也尽量少听那些"大师"的说法。尤其是现在，我"张大师"，我"李大师"，自称大师的，自己听着挺美。我到外头去讲课告诉学员：你们千万别管我叫大师，大师全是骗子。真正的大师啊，咱们的老祖宗才是大师，咱们都是后学，后学要尊重大师，对不对？那些大师不是自封的，是公认的。

作为咱们来讲，应该说，从"五四"开始，中国的传统文化，就逐渐逐渐都被淡化了。因为白话非常好理解。你看那个古文，读起来非常困难，所以就不愿意读了，恰恰精华都在这里头。你想想咱们老祖宗那么多年，那么精炼的文字，一句话、两句话，把这一个故事说得相当清楚。现代人能把这一两句话，一个短短的寓言，编出几十集电视剧来。所以说古文你读进去以后，就是你的营养，是最宝贵的文化遗产，这些书我估计现在还能买得到。

自幼嗜书

我原来读这些书的时候，家里非常困难，虽然不是贫下中农，后来解放后也是非常困难。书一本也买不起，我上高中的时候开始自学中医。我非常喜欢，我觉得中国的东西应该有人继承。我那书是借人家的，一本一本地抄啊，放学之后，做完功课，赶紧抄书。人家找我要啊，怕给弄丢了，过两天又找我要，我说你再等两天，最后一直抄完了，中医我是这么学的，因为练功夫嘛，这都是相通的。我那会儿，上初中开始，上初一，我们学校对面，就是西城图书馆，没钱买书，如果说有钱买书不一定看，对吧？买一堆书，家里有钱，也许一本都不看，有这种情况吧？把书买回家里了，这是我的了，我想什么时候看就什么时候看。什么时候都不看！这反而把自己给耽误了。我每天背着书包到西城图书馆，一直站在那看书。办个阅览证，没办借书证，等到人家关门了，最后一个，背着书包回家做作业去了。

　　我就觉着咱们这古文，特别精美，特别好，我就特别喜欢，从心里喜欢，而且有的一读，马上就能明白，这是读多了。一开始也读得慢，慢慢理解，咱们现在说话跟古文区别这么大，初一的学生还是与古文接触比较少。要多读，读着读着，一下就明白了，感觉这东西比那个白话还有意思。从此以后，我就特喜欢这东西，尤其是过去那个中医的东西吧，全是文言文，我读着特别好。后来，我怎么开始读的佛经呢？我们厂有一个仁谛师父，是位尼师，她从庙里被赶出来以后，到我们厂当会计。那是 1966 年 5 月 16 日，我从那以后，就在她家看佛经。我觉得如果人能够做到佛经上所说的，那才是真正的人。

　　咱们回过来说，读书为什么要用心去读呢？你得有诚敬心，你读着才能感而遂通。包括咱们说中国功法是口传心授，心授是什么？就是神授。心传神嘛。师父跟徒弟之间，你敬师的时候，自然在修自己的德。所以说"朋友无信、轻慢师长、不孝父母"，这是五恶，轻慢师长本身是无德，所以我在当年学的时候，从来都不敢问，什么问题都不敢问。师父坐在那里，我就当神一样，我们师兄弟都这样，没人敢问。师父说，我们就听，但听是我们听着，没有一个人上去发问，没有！它就是一种诚敬，师父就是神，因为我那时候小，还上小学呢，一看见师父的武功就感觉特神奇。

教学相长

我是怎么学的呢？我师父原来是我父亲的朋友，有一次到我家去，就问我："你喜欢武术吗？"就这么开始，这也是缘嘛。我学了10年以后，开始教功了，到现在（2015年）已经49年了，到明年整50年。我到现在练了60年了。这60年功夫，我是教的多，练的少。所以看到你们都在站桩，我也挺羡慕的。我有30多年不站了，真是30多年不站了，我现在也开始得向你们学习。你们都这么精进，我一个人，好，师父在家偷懒，也不行（笑）。我也开始站了，我要给你们做一个榜样，我要健康地活到晚年，让你们看看，哎，我师父的功法可学！如果我要是老早就挂上拐棍、架上拐了，你们学生一看："哎哟，将来可能我也这样。"所以说我得给你们做一个榜样。到现在我推手一点也没觉得自己笨拙，一点也没有感觉累，而且我觉得比你们年轻人都要快得多。我要出手比他们快很多倍，我可以做到，为什么？因为我36岁以后，就是参照《内功经》，读佛经啊，读《道德经》，我把这些东西参透了。

我这一生对于我们的老祖宗极为敬佩，尤其是老子，我认为他是一个圣人。虽然大家都推崇孔子，孔子当然也是圣人，我最敬佩的还是老子。孔孟之道的书，我也是读了很多很多，也非常敬重孔子。有一个成语叫"韦编三绝"：韦编就是皮绳，你看过去都是竹简，就是穿那个竹片。韦编就是穿竹片的皮绳，孔子读易经的时候，韦编断了三回，三绝嘛。就这么下功夫，这是圣人啊。咱们现在谁做得到啊？一看不明白了，得了，约定俗成吧，别人都这么说，我也这么说。我问过很多人啊，开玩笑地问，我说你给我讲讲，"城门失火，殃及池鱼"是什么意思？问过很多很多的人，没有一个说对了，都说城门着了火以后，用那个水池里的水淘水救火，把鱼都干死了，都这么说。都这么说就成为真理了，约定俗成，也就对了，是吧？我就不这么说，可能我说的没有人接受，可能你们也有看过的："池鱼"是人名啊！城门着火，给他烧死了，就这么简单嘛。你这淘水，淘了半天，鱼也干死了，你还挺累；他走在那儿烧死，不就完了嘛！你还解释那么多干什么？所以一定是读书要读明白了，你才能理解，把这精华才能吸收了。

我跟别人不一样在什么地方啊？我从打22岁开始教拳以来，教了38年，完全义务，没收过一分钱。可能全北京市啊，不收学费的太少见了，但是最后我没落好儿，为什么？因为人家到最后打不过我，就说什么啊，"有绝招儿不教"，他们就认为我有绝招儿不教。其实我的绝招是什么？就是站桩啊！我让他们站，他们不站，赖谁啊？有些人他也站，痛下功夫，可也打不过我，为什么呢？修心修德不够。所以说，你要练到悟到空嘛，你杂念多了，你功夫想上到高层次，很难很难。

说到形意拳的传承，"四大金刚"之一的车毅斋，他的弟子布学宽在北京有两个徒弟，一个叫胡耀贞，胡耀贞又教冯志强形意拳，冯志强后来正式拜师陈发科，学陈氏太极。布学宽还有个徒弟，姓郭，这郭老师也是又高又壮，挺强壮的一个老头儿，在北京我知道这么两个人。因为我们一个街坊跟他学，这个街坊之前跟我学了一段时间，后来因为一些原因我不教他了，他就找那个郭老师学。那个郭老师，80多了，教徒弟也是一分不收，这我很佩服，80多了一分钱都不收，他教我们这街坊教了一年半吧，这个郭老师还是非常有德的。

我分文不取教了38年，但并没有觉得我吃亏，为什么呢？我这功夫没耽误啊，要没人追着我学，没准儿我也就不练了。

后来赶上"文革"，没事干，每天早晨早请示，晚上晚汇报半个小时，五点下班。晚汇报半个小时，喊完了口号，赶紧上食堂买两个馒头，打一大塑料桶凉水，骑着车就往紫竹院跑。跑到紫竹院，把车一支，先站三个小时桩，再打两个小时拳，剩下的时间就是我带他们推手，"文革"这么过来的。在这个过程中呢，很多人也是我每天亲手带的，功夫也练得非常好。那会儿就是天天在一起啊，每天都是。下了班没事干，练到夜里十二点，最早收功就十二点，都成了瘾了。我那会儿还得第二天早上五点钟起床看书，看理论力学、材料力学、高等数学，然后把书上的题全做了。每天做题，晚上基本上一点钟睡，睡四个小时，天天如此，也没觉得怎的，那会儿还吃不饱，但觉得很充实。所以讲做人，你要勤奋自然就有收获。你看我教了这么多年，他们中还有人恨我，没人愿意拜我为师，都认为我功夫真好、人品太差，就这么认为。"有绝招不教"，我就落这么一个结果。我也不生气，反正我这功夫没耽误，我今天能教你们，也得感恩他们，因为什么？我一直坚持下来了，后来我教他们积累的经验，都用在你们身上，这也不是坏事，你看这么多人在追随着，敬我，真是对我非常尊重，所以我也感恩嘛，人要学会感恩才是快乐的。

追仙文化

人们都希望有个信仰，过去有些拜神的、拜鬼的，它也是信仰，学什么的都有，咱们不评论对不对，但你自己要有智慧。八十年代初的时候，中国出现十大特异功能，全国都在追捧，后来形成一种追星文化，追星文化是从"追仙文化"继承来的。过去的十大特异功能，有几个说自己是仙人的徒弟。有个"大仙"自己写了篇文章，说有一天他到山里边去玩，转了一圈看周围没有人，突然听到一个声音，回头一看有个白胡子老头站在他身后，老头跟他说"你看那边"，他看了看，再一回头人又没了，他说："我知道是仙人来点化我来了。"老头再出现，他就跪下拜师，结果他就是跟仙人学的。后来是他先开始的给人治病，发功治病，带功报告。咱不提名字，因为这人现在还活着。带功报告卖票，八十年代初的时候，一般人挣钱都是每月40多块钱左右，他一张票前排票价30块钱，后排卖17块。有人抬着担架去了，他拿手在那儿划拉划拉，念叨念叨，这个人就下了担架站起来走了，底下就鼓掌。后来风靡一时，好多人都追捧他，到处去听他的课，花多少钱都去听，希望让他的带功报告把自己的病带走。这种现象说明人们都有一个健康的需求，但不愿意自己去努力，想求着神仙把病带走。想法是好的，但是不可能有这么好的事儿，为什么这么说呢？自古以来，不管是多高明的宗师，包括释迦摩尼佛，他也不会去给人治病去。好多人就希望神仙和有高功能的人把病带走，这是其中一个。

还有一个是我亲眼见过的，还坐着跟他说了几句话。那会儿他刚开始办班的时候，多了不招，全国范围内就召 400 人，一个人学费是 200 块一个月，管吃管住。后来我一个师弟，看到了这个商机，非常"殊胜"的商机，他想着肯定能挣大钱，学完了以后就能给人发功治病，拿手一划拉，成千上万的钱就到家来了，所以他就特别想去学。我跟他说："你就自己好好练功。"我师弟的功夫是我手把手教的，他内功很好了，结果他非要去。有一天他到我家来找我，说："师哥你快去吧，王老师啊太厉害了。"我说："怎么厉害法？"他说："我们俩动手，我一掌给他打出五米去，他站在那里把手扬起来了，说：'你别动，我要发五雷掌，能把你的五脏打碎了。'真可怕！"我说："你就让他吓住了？你就让他打啊，你给他打出五米去，他还能发五雷掌打你，这胡说八道，我就不信。"但是我也去了，往那儿一坐，他也忽悠我，特逗。他说："我呀，是龙门派第十八代传人，练功的时候在山洞里，山洞里有水。"他用四个小木棍，他跟我比画有这么粗，这么高（大概 2×10 厘米)，"四根木棍立到地上，盘腿往上一坐，就等于坐禅一样坐着，如果说你现在功夫不到，师父进去了，拿石头子儿往水里一扔，水声一响你吓一跳，棍倒了，这是你没练成，师父说你还得接着坐。"你们想想，怎么上去这棍儿，对不对？四根棍立到地上你能上去吗？别人把你抬上去，也是搁上去就倒，谁也站不住，对不对？四根棍都是独立的、孤立的。他一说这个，我太清楚了，你用这话忽悠，我绝对不信。我跟他们不一样，他们一听觉得都神了。你想想你就是盘腿能坐上，屁股上一边垫一根，膝盖一边垫一根，这四根棍压强有多大？咱们都知道吧，他个子跟我一般高，怎么也得一百四五十斤，这一百四五十斤在那么点小面积支着，是不是能扎到肉里去？如果说他能在上边不受力，那就不用上去坐着去了，那就练成了，还用上去坐着去吗？你能飘上去还用坐去吗？他说到这儿，我就知道这是胡说八道。我说："王老师，你忙着啊，我走了。"不往下听了，为什么？我就不会相信他这个。

他会发"信息水"，什么叫信息水呀？拿一杯凉水，谁拿都行，认识不认识的都行，找个不认识的，不认识的去了不是不算托儿嘛。拿着手比划比划，你喝吧，谁喝水都是甜的。后来被人发现，指甲盖里放着糖精粉。糖精粉搁一点儿都是甜的，谁喝都是甜的，我一划拉也是甜的，他这就是骗术。还有一个也是特异功能，他拿一个药瓶，晃悠晃悠药就从瓶里出来了，后来魔术师说"我也会"，魔术师晃悠晃悠也出来，为什么？这是魔术。

还有一个，是航天工业部的，她会做"信息茶"。拿5块钱茶叶抓吧抓吧卖给你500，这些人都是这么干，好多都是。还有一个不是我亲眼见的，九十年代初有个公安副局长，得了白血病，已经晚期了，别人介绍到我那儿去学，说站桩试试。我说："这我不敢保你啊，你这晚期了，白血病，我没有经过，你可以试试。"到最后咱们声明一下啊，还是死了，不能说咱这站桩就什么病都能好了，他没好，也死了，这咱们说实话。他跟我说："也是一个姓张的大师，现在在美国呢，到家里请我去，非要让我参加他那个带功报告。我说不去，他非得请，后来亲自去了请我。我说那我去吧，给点儿面子，去了请我们一排人坐到台上去，他就开始讲功法。"我跟他说："为什么让你上台啊？因为你们都是有地位的人，都是高级人物，往那儿一坐，谁不信啊？底下坐的一看，好，局长副局长都来了，那肯定信啊。"局长亲口跟我说："大师说，'上来个人，我给你看看病'，台下上来一个小伙子，说'张老师，你看看我有什么病'，他就假装地看了一会儿，说你心脏做过一个大手术，刀口有多长，什么走向，缝了18针。那小伙子把衣裳一撩：'哎哟，老师您真是神仙啊，您怎么知道的。'然后底下就鼓掌。"他们是一块儿早就认识的，那抬着担架抬上去的也是会走的，他本来就能走，你抬上去再走下来有什么不行啊？下来分点儿钱，也是一笔收入嘛。

这些人都是这么干的，这是十大特异功能。这些人，老百姓都去追捧，哎哟，可有神仙出来了，从来没有救世主，现在出来

10个，救世主来了，病都好了，结果一个好的没有。我的师弟也跟着去学了两个班，花了400块钱学了两个班，也给人发功治病。我就劝他，这个事儿不能干，为什么不能干？这都是骗人的，虽然现在你掌握了商机，这钱不能花。

人为什么都信？为什么我就不信？曾经还有人找我发功，我说我不会发功，我也不信。所以说，你要有智慧啊，多读书还是有好处的。那些"追仙族"，有美好的希望，也想练成神功，追随大师也是想学他们这个给人发功治病。

健康靠自己

在1980年代的时候，那时候正是气功热的时候，流行气功非常多、非常高潮的时候，我们厂有一个同事是冲压车间的，她说："马师傅，我爱人是类风湿，现在打封闭都不管用了，他给厂长开车，离合器都踩不动了，您能不能给发功啊？"我说："我不会发功，也不信发功，要好，你让他过来找我，我教他。"他那会儿很痛苦，为了治病，他下了决心。他爱人跟我说："您跟他说，练这个功，不能抽烟，不能喝酒。"我说："行。"我对他说："你站桩的时候，好好站，要想好得快，别抽烟，别喝酒。"他还真听话，两个月，完全康复了。后来他说："我已经好了。"我说："你再巩固巩固，再站一段时间。"又站了两个月，一共四个月。他是制胶炼油厂的，四个月以后，他又恢复原来的状态，又抽烟又喝酒，晚上又玩麻将，一宿宿地玩。他爱人找我，说："他现在又开始了，晚上不睡觉，玩麻将去了。您说说他。"我说："我再说不管用了。他病好不练了。"为什么？有些人就为了健康，他自己能下一番功夫，当然也不是坏事啊。后来他一直也没再练，也没反复。所以**健康靠自己，把生命交付给自己，不要老寄希望于神仙，寄希望于那些名大夫**。有好些大夫收费极高，他未准能给你治病，有的大夫，也许你穷，他连药钱都不要，这样的大夫，不容易出名。那些挂号费一万的，保证出名。哎哟，这大夫好，他敢要一万，肯定是好大夫，所以人都奔着去。那会就听一个医生自己说："老专家挂号一百，我收四百，病人都跑我那去了。"这叫什么啊，消费心理。

所以作为人来说，你要是有智慧，不可能跟风。现在为什么好多学功都是跟着风？电影一演出来，这种功夫马上就火了。人啊，为什么要跟着媒体去走呢？为什么不用心自己想想呢？我说的是"用心"，其实智慧是在心。咱们站桩，修的是心和体，内外兼修。心不能糊涂，大脑只是一个受指挥的执行机构，心相当于总统、主席那个地位，心主神明嘛：心者，君主之官，神明出焉。一切都是由心神来决定的，你的善，是心神决定的，恶也是心神决定的。上次讲了五恶：不仁不义，希望长生，无义无礼，不可谏晓。仁义礼智信都包括到里边了，佛经上都有。孔子说的，直接就是仁义礼智信。你不具备这仁义礼智信，就没有智慧。没有智慧，你的心就是糊涂的，就是混浊的。

所以说，要让你的心清静下来。杂念人人都有，咱们不是说站桩的时候不能有杂念，我从来没这么说过。每个人的体会都一样，不可能。你们问我："您什么体会？"我说："你跟我不一样，我说完了，对你是个误导。"因为你跟我不一样。你们都跟我学，但每个人体会都不一样。你们自己发现了吧？练了五年以上的，各人有个人不同的体会，所以说不要听某一个人的，就听自己的。

讲了半天，要听自己，相信自己，首先要相信自己。你们跟我学这五年，四五年，入了门的也好，跟着学的也好，是因为你们相信我。第一相信老师，这也是信愿行。你有愿，你想传播，想让更多人受益。

教功不要迷信，行善勿求回报

咱这桩功，里面一点神秘的东西没有，我从来不把它加上神秘色彩。有的人说自己是神仙的徒弟，把自己说得神乎其神，比如"法轮功"，我没学过，但把所有的书都看了一遍，哎哟，太神了！可能你们都没看过，说得太神，特别容易吸引人，所以说全世界有很多追随者，而我这个功法讲了这么多年，天天讲，恨不能月月讲，到处讲去，学的人也不是很多。但是有些人觉得马上能接受，就是有这个缘，咱也不要求什么。希望是好的，让更多的人别练那个错的东西，把正确的东西发扬光大。

这么多年下来，好东西几乎都被消灭了。比如破四旧，是旧的全给他破了，古董，说是四旧，砸了；佛呀，都属于封建迷信，也不提倡，也不让你学。其实佛教文化是非常好的文化，也是修心的一种文化；道家文化呢，是身心兼修，因为他要练功嘛。佛家文化，是传法，开你智慧，续你的慧命，既是利他的，也是利己的，到最后自己也成就了。你想帮助别人，帮助人越多，还是成就你自己。我讲这半天是希望咱们心里要明白，什么是对的，什么是错的。

2015 年在苏州同里为学员讲解站桩功法

刚才讲了十大特异功能，因为你希望健康，所以用这个方法来骗你。咱们自己的功法呢，在座的都练过这么多年了，有的一开始练很快就有感觉，特明显，身体改善得相当快，他就完全能接受了；有的人就来一次两次，认为这不行，跟傻子似的站着。身体没毛病的人，没有什么感觉，确实，身体特别强壮的，站一回两回，他觉得很枯燥。我每次都给人讲，**头三个月你要坚持下来，再往后就容易了，就是头三个月比较困难一点，心烦意乱**的，谁还愿意学？但是我说实话，不愿意学没有办法，这全靠缘分。小史说了，他坚持了五年下来，受益了吧？不光是他，小杨也是，这都是五年以上的；小叶十年了，你是最长的，大师兄这是，哈哈！新收的这些徒弟，都是三年以上的。一直坚持下来的，自己受益吧？小岳，他的膝盖半月板撕裂，医生让他做手术，我说你别做，站桩吧，你来我给你看看，姿势调对了，很快就站好了。这说明什么？修复靠自己，得了病应该是可逆的，能来就应该能去嘛，对不对？就要找对了方法。不是我这功法能治所有的病，那个白血病晚期的病人到最后也走了，所以不要迷信某一种功法。

你们教人的时候也是，记得咱们这桩就是凡人练的，你说我的师父也是凡人。我在美国看一份资料，有一个教功的，叫金某某，穿一身黄衣裳，剃一光头，戴着佛珠，一看就是大师。他的弟子写了一篇文章。那篇文章这么写的，他说："我给一个美国朋友打电话，在打电话的过程中，把师父的能量给他传过去了。"电话怎么传啊，我也不知道怎么传的，要是我知道，我也学学，也能给你们传。传过去以后，他那美国朋友鼻子开始流血，那鼻子是歪的，他弄一个铅坠，吊着，歪的时候什么样？铅坠在这儿呢，鼻子往这边歪着，等好了以后呢，弄一铅坠在这儿，直的，正中线。鼻子流血，打完电话，鼻子里的一个肿瘤没有了。神不神啊？所以这样一宣传，去的人很多很多。

有本书说拉筋治百病、治千病、治万病。也不知道万病都有什么，叫不上名来的也有。拉筋不是完全不好，拉过了就坏了，把腿拉坏了，把筋拉坏了，腰拉坏了，这也有。拉筋也是很好的一种运动，并不是说一点用处没有。拍打也是，你拍过了就会淤血，有好多拍的时候都淤血了，他在澳大利亚治死了一个小孩，7岁的，也不知道用什么方法，但是你不能全盘否定，说他都是错的，他存在嘛。

有些所谓的老拳种，也说得挺神的。在《逝去的武林》中李仲轩讲过，某人写过一本书，书中说他祖师爷啊，把尚云祥一掌打到钻顶棚里去啦，把薛颠一掌打房顶上去了，这两人跪在地下求，说："你再打我一下，我怎么飞上去的，这太神了！"李仲轩说他们就没见过面儿。没见过面为什么要这么写呢？贬别人，把别人贬得一钱不值，把自己抬起来。就如同我们前面讲的特异功能：我是神仙教的，你是凡人教的，我就比你厉害，反正能吸引人么。所以说不能把迷信的东西，加到咱们普通人要学的东西里边，除非你是骗子。所以咱们教功的时候千万不要这样做，你要是想健康你自己练，这是正路，谁也帮不了你。"从来就没有救世主"，这句话说得对，不要把希望寄托在神仙身上。你相信你本身，你本身就有佛性，你就是没有开悟的佛。佛是什么？也是人做的嘛，开悟了就是佛。所以咱们的传统文化里边，从头到尾都让你善，就一个字：善！这是做人的根本，仁、义、礼、智、信，也是包括在善这个范畴里边；孝，也是在善的范畴里边。做一个好人，要善。

《三字经》里有这么一句话："窦燕山，有义方。教五子，名俱扬。"他那五个儿子，都考中进士了。为什么呢？他原来没儿没女，他们家特别有钱，他爷爷给他托梦，说你得积德啊，你得积善啊。家里这么多钱，你布施一下，救救穷人，一定会有后代的。结果他做梦醒了以后，就开始按照他爷爷说的去布施，帮了很多人，最后生了五个儿子，都考中进士了。不管这事是真的还是假的，就是说明这个意思，你要积善，善有善报，但是积善，你要是求报，也许会失望。

这么多年，我也没有求回报。我从高中的时候就开始自学中医，半身不遂的，我扎针扎好了很多，具体多少人不知道。哮喘不好治，我治的三个都好了，完全康复了。包括那些很难治的病，站桩站好了，也算我帮的，我从来没有说求回报。你别想，善有善报，我要得什么好处。我得没得着好处？得着了。得到全国各地的学员包括外国的对我的恭敬、尊重。这就够啦！你还要什么，人一生你能吃多少？吃多了还得脂肪肝，三高吃出来了。当然咱们练功不会，吃多了也没事，练功能代谢掉。

第三章
黄老若闻可足愿

破译《黄帝内经》的秘术

真人站桩，培补先天

一开头，咱讲如何健康。《黄帝内经·素问》（上古天真论）就说"上古有真人者，提挈天地，把握阴阳"，这是老生常谈，大家都听我讲过多少遍了，不要怕重复啊。为什么要说"提挈天地，把握阴阳"？"提挈天地"啊，你自身就是一个小宇宙嘛。形意拳讲"三体式"，也叫"三才"，天、地、人三才，"提挈天地"，你自身，头顶为乾，足底为坤嘛，从形上讲是这样的。你不要想着去一手握天，一手握地，真有这样想的，那叫妄想。一手握天，一手握地，想可以，你握不了，也提不了。提挈自己的天地，你才能做得到。

"把握阴阳"，把握自身的阴阳。中医讲"八纲"，阴、阳、表、里、寒、热、虚、实，到最后归结到一类，就是阴阳，表里也是阴阳，寒热也属阴阳，虚实也是阴阳，就是离不开阴阳。"把握阴阳"是把握自身的阴阳。咱们背为阳，腹为阴。

"呼吸精气，独立守神。"精气是什么呀？大自然赐给你的精华之气。守神守什么呀？守自己的神，自身都有，每个脏腑都有神。咱们现在主要讲的守心神、守中，就是守住你的心神，神不外驰。你站桩的时候，"提挈天地"。实际上这段话就是讲桩功。独立守神，有人说也是桩功："金鸡独立，翘起一条腿来。"翘起一条腿守不了神，晃悠啊。当然也不是说你翘起一条腿不能站，站是能站，但是守不了神，晃晃悠悠，所以说守神还是要站得四平八稳，顶天立地。我讲课的时候，有人说独立守神是一条腿站着——金鸡独立，我说不对！我给他举例子，有一首词："独立寒秋，湘江北去，橘子洲头。"我说在江边一条腿站着，你们想想可能么？不要认为独立就是一条腿，两条腿也叫独立，谁也不干扰谁，守自己的心神，这叫"独立守神"。

"肌肉若一"，什么叫肌肉若一啊？放松就叫"肌肉若一"；不放松，你那"肌"是僵紧的。好多练劲、练力的、练器械的人，他们那"肌"放松不了，就做不到"肌肉若一"，经络有时候被练得僵死了。有好多练器械的人，再回来站桩站不了了，站不通了，已经肌纤维化了。咱们看过《少林寺》那个电影吧，有那个小和尚，在那表演呢，不知道真的假的，拿个木桶，尖底的，就怕你放下，两手还水平地提着，他说练的是臂力。其实臂部肌肉都僵死了，这肌肉都纤维化了，这不可取。要养生你不能练那个，松得要肌肉若一的时候，经络才能是通达的。健康嘛，"健"和"康"，这是两层意思啊，**"健"是强壮，"康"是通达，经络通达。**健美它不健康，"康"很重要，健不健都是其次的，"康"是最重要的。你经络不通达，你都闭死了，那你还怎么长寿啊，对吧？

《黄帝内经》说人啊，男的是八年一周期，女的是七年一周期。它说男的五八刚四十岁吧，肾气衰，"发堕齿槁"，开始掉头发了，牙齿也松动了，已经开始退化了，肾气不足嘛。咱们练这功呢，你站桩的时候，首先补的是肾气，为什么呢？咱们是重心移到后头去，前脚掌是空的、虚的，"前三后七"的力，前脚掌有个"涌泉穴"，咱们这重心移到后边去，"涌泉"不受压。而且臀一抱的时候，你两个内虎眼（膝眼）轻轻一翻；两个脚呢，外实内虚，涌泉是空的吧，泉打开了。这个肘呢，撑开以后，肩往下一松，肘一沉，肩井的"井"打开了；曲池的"池"也打开了。池、井、泉都开了，这都跟水有关系，肾主水。我到任何地方讲课，我说我这功法不敢说治百病，为什么？因为没经历过的我不敢说。但我敢说骨质疏松的，有一个算一个，没一个不好的。只要站就好，没好就是他没站，为什么我敢说这话？我发现骨质疏松百分之百好。肾主骨，你补的是肾水。咱们想健康，先调补先天。第二式主要是调补后天，当然从第一式到第八式都对先天有非常好的帮助。当你站到第二式的时候，调理脾胃的效果就极好了，第一式对脾胃也有好处。

至人全道，去世离俗

刚才说了，"把握阴阳"是把握自身阴阳。背为阳，腹为阴，阴面要闭藏，阳面一定要打开，这是上古之人。中古之人呢？中古之人，就是比上古之人再近代点的，《黄帝内经》讲"有至人者"，他不叫真人啊，"淳德全道，和于阴阳"，也讲和于阴阳，阴阳不和也不行嘛。"调于四时"，四时就是春夏秋冬，"去世离俗"，去世离俗当然咱们做不到啊，咱们还是世俗嘛，这做不到。"积精全神，游行天地之间，视听八达之外"，八达就是南北东西、东南东北、西南西北，"此盖益其寿命而强者也"，这个寿命也可以很长久。

圣人养心，不离世俗

圣人者，"处天地之和，从八风之理，适嗜欲于世俗之间，无恚嗔之心"，就是仇恨、嗔恨之心，"行不欲离于世，被服章，举不欲观于俗，外不劳形于事，内无思想之患，以恬愉为务，以自得为功，形体不敝，精神不散，亦可以百数"。所以这是养生之道。现代的人，你现在虽然说不能去世离俗，主要就是修心嘛，无恚嗔之心——你不要去仇恨他人，也不要忌妒他人。中国人有一特点，很多人这样，咱们不是说所有的人啊，在座的保证没有这样的人："恨人有，笑人无。"为什么过去打土豪的时候，有好多人，呵！可逮着机会了。这不是说不对啊，应该抢他们的，抢我的也对啊，我们家也被抢了，抢是对的，因为什么？我清静了，没有财产了，我倒是没有负担了，我的贪欲就没有了。那些财产如果还保留着，那一件财产值多少钱！那贪欲之心还有，被抢了也是对的。贫下中农，不过抢别人的这种心是不好的啊，不要去想抢人家的，要自己去奋斗，这才是对的。

　　所以说，要想健康，就要积善。你不抢人家的，而且还善于帮助别人。刚才说了："六亲眷属，资用有无，不能忧念。不惟父母之恩，不存师友之义。"这是坏的，不应该做的，所以咱们要从反面去做。刚才讲养生，没有恚嗔之心，没有仇恨，没有嫉妒，没有贪心，就是说这些东西搁在这，值多少钱，这跟我没关系；你这么想，不贵难得之物嘛。有好多就是泥罐，看着就是从茅房里挖出来的，就说这是从唐朝挖出来的，值多少钱，那值什么钱？那是你自己心里想的，这都是人造的，都是人为的，是吧？你就认为这东西是从茅坑里挖出来的一个废物，就不贪心了。现在好多人都很疯狂，25万买一核桃，说这核桃将来增值，我看一分也不增，只能减值。这就是因为贪心、贪欲所造成的。炒起来以后，你看看吧：一个金钱龟，炒成20万、30万，到最后20块、30块也没有人要了，为什么？贪心啊，贪就是没有止境嘛，到最后，他也有走到头的时候。贪到物质身上，你就是障碍了你自己。咱说这东西值多少钱，你心里对他有一种想法："哎呀，我要从你这买，十块钱买的，我要卖到一万，我挣多少倍。"有很多捡漏的，很累很累。很多人去捡漏，花了大价钱，买了一堆假的，所以都是贪心造成的。你要是不贪呢，就不会上当。所以人不贪心，这就是养生之道嘛，你什么都不放到眼里去，你心里是清静的。

当然我赞成有条件要挣钱，为什么呢？挣了钱要怎么花，这是大问题。挣了钱你去消福去，你就是错的。你去布施，去帮助别人，不着于相，你不要想着我是在帮助别人。你就认为我应该给的，应该救他，不要说我是在积功德。你没有功德，想着积功德就没有功德，什么都不要着于相。你说我要得什么全国劳模也好，还有最佳什么人也好，这就是着于相。有好多人做了好事，他不留名，偷着就跑了，这才是菩萨修行。我现在是这么想的：在我眼前人人都是菩萨，为什么？你只有这么想，才能提升自己。你看谁都不顺眼，所谓恚嗔之心：我看你可恨，我看人讨厌，我看他也不喜欢，那你说你喜欢谁？到最后连你自己都不喜欢了，弄得一身病，自己不知道。

人这一生需求的并不是很多，想得到的非常多。《无量寿经》（"劝谕策进"第三十三）上说："……有一少一，思欲齐等。适小具有，又忧非常。水火盗贼，冤家债主，焚漂劫夺，消散磨灭。心悭意固，无能纵舍……"到死了都不撒手。"有一少一，思欲齐等"，就跟那个卖核桃的一样，这么一个核桃，电视里演的，一个要25万，好家伙！问道："你这就一个啊？"回答说："对了，两个就不是50万了。"他就想要第二个，"有一少一，思欲齐等。"

你就把这东西当成一个巨额财富。好些人拿着钱不知道怎么花。过去唱过这么一个歌,山东人一边念叨一边说:"一手拿着大哥大,一手拿着摩托罗拉,挣钱不知道怎么花。"为什么不知道?没有智慧。

深圳有一个我的学生,他站桩非常精进,现在一口气能站4个小时,每天都是,他原来身体极差,后来练好了。他现在搞证券,自己当老板。他说"我现在要挣钱,但是我挣了钱,怎么花,我一定要花对了",这是智慧。好多年轻人挣了钱以后,吃啊喝啊,唱歌去,跳舞去,折腾去,把身体毁了。上回讲了,40岁以后,肾气衰,五八肾气衰;六八四十八,阳气衰于上;到八八整个全完了,头发也掉光了,这是正常现象啊。你年轻的时候,拿着钱去胡造去,折腾一身病,再想恢复原来的状态,如果没有找到好大夫,很难。大夫有时候也治不了你的病,如果你生活习惯不改变。

所以健康不能离于世俗。你的职业就是要挣钱的职业,要挣去,我从来不说这是错的。这不是错的,这也是你命中有的,强求求不来。当然你拿这钱,去做什么?有时候拿着钱去帮人,也许帮错了。这真有可能呀,也不是不可能。帮错了,你没有罪过,你帮对了,不求功德,这就行了。心清静嘛,要悟空嘛,悟到空。悟净、悟能、悟空嘛,是吧?到最后练到悟空,咱们功夫也是,到上乘功夫,讲明劲、暗劲、化劲,到化劲的时候,就是要悟到空,化劲就是空。

贤人清净，神通自在

《黄帝内经》讲"其次有贤人者，法则天地，象似日月，辨列星辰，逆从阴阳，分别四时"，他都讲四时，"将从上古合同于道，亦可使益寿而有极时"，就是说你可以活到极限。野生动物在那种恶劣环境下，如果不受意外伤害，没有猎人打它，没有被野兽吃掉，它能活到极致，能活到像咱们人一百多岁，为什么？它是纯自然、纯天然的状态。动物不像人似的，人要积累财产，动物是吃饱就行，饿了再抓、再逮去。牛羊也是，草吃没了，换个地再吃去，为什么，它不想积累，它们的心是清静的。所以在地震的时候，在一些灾难的时候，它们能预感到，为什么呢？它的心没有被堵住。我教的德国人托马斯，在澳大利亚待过很多年，他讲过这么一个事：那个澳大利亚土著呀，他们很奇怪，他们说"你们这些人都太笨了，还利用电话，我们就不用"。他们要是离得很远，想交流的话，自己想什么，对方都能知道，确实能做到。有位法师也说过这么一个事，我也听过他的光盘讲过，他说土著很奇怪，不用电话就能沟通。他就是因为心清净，就是六通里边的"他心通"嘛。因为心清净了，才能有他心通。鬼神都是五通，就缺一个"漏尽通"，咱们什么都不通，哪一样都不通。为什么？心不清净。

咱们站桩时不求功能，就是放松下来，千万不要求什么，出现什么你也不要说，"哎呀，我这个好，我得到什么了"，千万不要想这个，就当没有这么回事一样。当然这个东西也能退啊，你不练了，不站了，自然慢慢也就退了，确实能出现一些功能，当然不要追求去啊。我先把这个话说在头了，别求去啊，千万不要求，求还是心不净。刚才说那澳大利亚土著，他没有财产，没家，几乎是不穿衣服，就穿一个兜子，弄块遮羞布一遮，走到哪吃到哪，挖着蚂蚁吃蚂蚁，挖着虫子吃虫子。他什么财产都没有，所以才能没有贪欲。现在说起神农架那个野人来，好多人都看见过。你拿着枪想打一只，说研究研究，你打不着他。我估计他们也是相当于人类，他也是有他心通，你想杀他的时候杀不着他。所以有些人无意中能看见，那些科学家背着枪去了，一个也找不着，对不对？所以，这些动物都通灵啊，对吧？所以，你有恶念他能感知。这就是神明嘛。**练功练到上乘功夫，练的是神明，一开始都是知觉，最后到神明时候就是最高层次了。**

难治之症，唯自身大药可除

我们现在居住的环境，一层一层的楼房，码得都挺高。街道虽然窄吧，里头满是汽车，那汽车尾气在不停地往外冒。咱们站桩说"呼吸精气，独立守神"，这个是精气再加点尾气，加点PM2.5，所以说咱们的居住环境、呼吸的环境非常不好。我教的功法，有很多人就感觉对肺非常有好处。我建议大家每天都站站桩，虽然说外边环境不好，把门窗一关，我在屋里站也要坚持，坚持下来，受益的是自己。咱们这个功法是最低成本的，可以说你练会了，学会了是零成本，只要你花点时间，你去站去，两个小时！我的要求，一开始有人说站半小时，我说行，十分钟都行，为什么呢？你不能说让他必须站两小时，你让他站两小时，明天他就不站了。我教了很多人，有人看着我的视频也学会了，而且感到自己身体状况也改善了。

从健身角度讲，这是一个真事啊。我在同里教一个艾灸班站桩功，有一个女生问我："马老师，我表哥肺有一个阴影，有两厘米，按您的说法，站桩行不行啊？"我说站桩行，她说不去医院，我说那我不敢说，因为我没经历过，是吧？不去医院，耽误了人家，我负不了责任。她说她有一个朋友，肝硬化，就是看我的视频站的桩，站了这么长时间，好了，肝硬化站好了。肝硬化站好了不奇怪。原来我有一个徒弟，他也教了一个重肝炎的，医生已经让他在家里"想吃什么吃什么"了，他也站桩站好了，这不奇怪。咱们这有个学员，她父亲七十多岁了，因为她身体好了，也开始教她爸站桩，她爸也当功课做了，每天半个小时，靠着门站半个小时，后来体检发现肝胆的三项指标都正常了，而且骨密度从负的1.86到负的1.6了。医生说，老年人的骨质疏松指标不可能往上长，只能往下降。

为什么健身要"提挈天地，把握阴阳"？肾主骨吧，第一你站好桩，调补先天，站桩时脚后跟是承担七成重量，前脚掌三成重量，泉打开了，水出来了，肾水嘛，肾水旺了，骨密度自然就提高了。厚朴中医学堂的第一期有一个学员，骨密度低，她一天站两小时，半年就好了。她原来吃宇航员吃的钙片，吃了七年啊，宇航员钙片据说是很贵的，七年天天大量喝牛奶，最后一点效果都没有。她站了半年桩，骨密度完全正常了，这个是为什么呢？你肾气旺了，自然骨密度就高了吧，对不对？为什么多年练功的人，冬天不怕冷？肾主骨，生髓嘛，骨髓满了，自然不怕冷了。有好多人到冬天特别怕冷，穿着羽绒服，戴着帽子，穿得厚厚的，他还冷，这就说明身体状况对自然界不适应。刚才说了也要顺应四时嘛，冬天也要穿暖和点。我也不能光着膀子，也得穿点，虽然不穿棉袄吧，我也穿着衣裳，也顺应四时。到夏天时热了，我也穿个短袖了，有时扇着扇子、吹着电扇，这就是顺应四时。你冬天扇扇子、吹着电扇就不行。要跟着四时走，讲养生就是要合乎自然、合于道嘛。

所以作为咱们老百姓，要选择适合自己的，而且要有益，对健康有好处的。咱们说养生这一块啊。我教托马斯的同时有个人姓姚，咱不用说他名字。如果大家有不信的，我可以让你找到这个人。他是糖尿病站了 4 个月，完全康复，到现在什么病都没有。但是他现在不练了。糖尿病是不能治好的，他 4 个月 36 项指标全正常。而且我听小洪那天说，他现在什么都敢吃，今年 61 岁了，跟我学的时候是 51 岁。你算算他这个十年下来，4 个月好了，这十年都不练了，他也没毛病。因为他练通了以后，气自然开合，呼吸他都掌握了，平时不练自练嘛，对不对？你要是想上功快、长功夫，你还要练，他就是养生达到目的了，他不练了。

类风湿我教过一例完全康复了，两个月就康复了，前面提到过。类风湿啊，据说在美国都算不治之症。要吃西药吧，吃西药就是维持。像过敏也是，吃药就管你当时不痒痒了、不疼了、不难受了，这一阵过去了，第二天还得接着吃，跟高血压一样。高血压也是，药不是治病的，它是降压药，不是治病的药！治病的药在自己身上呢！我就跟他说，你要是一口气站两个小时，哪怕站一段时间，你的高血压也能好。因为糖尿病能好，心脏病也能好。

那个美国学生小朱他妈就是骨质疏松到了极致了，她要倒的时候一扶桌子，这胳膊就折了，碰一下就折了，就跟关东糖一样，太酥了！现在摔一个跟头，把腿摔肿了，爬起来还能走，没事！80岁了，老太太上午站桩两小时、下午一个小时。其实你们年轻人都应该有信心啊！她是心脏病很厉害，站的时候心里难受。小朱问我还敢站吗？我说敢站啊，就坚持站，反正年龄大了。不是我不负责任啊，我知道没毛病、没事（笑）。76岁开始站桩，站着站着突然心脏病一下就好了，从此以后再也没犯过，骨质疏松也好了，过去上台阶上不了，那会儿她炒菜得搬个凳子坐那儿，那是76岁以前。后来她也听话，老人听话真难得啊！现在她就是每天都当必修的课吧，每天上午两小时、下午一个小时，是一气站啊，不是说分开站啊，两小时是一口气。你看小朱他们夫妇俩都是，必保两小时。咱们去美国，你看见没有？每天早上五点起来站到七点，绝对不含糊，一天都不落！你看他们夫妻俩都是这样的。小魏现在回来了，在飞机上站，人家都在坐着，她在那站桩。她过去过敏很厉害，非常厉害，她说那种痛苦啊，没得过的人怎么说也理解不了。她站到第三年时给我打电话，她说："马老师，现在我把药都扔了！"我说："什么药啊？"她说："过敏药呀！"我说："怎么过敏法？"她说："树叶一出来就开始吃药，要吃半年，买一堆放那儿。现在到第三年就把药扔了。"我说："那你好了？"她说："好了。"到现在七年了，她每天必保还是站两个小时，雷打不动的，没有能动摇她的人。所以说这就是自己的毅力了！也是在修心。

所以这东西不是说我自己在这瞎吹。我教过很多有疑难杂症的人，扎针吃药都看不好的，都跑我这站桩，都站好了。不孕不育的一共可能六例吧，其中有夫妇俩都不孕不育的；第五例的站两年桩生一个女孩，第六例是在同里（苏州）教的，是艾灸班学员，她也是，站站就怀孕了。这就是说你自身健康了，你的功能都具备了。人的生育是自然现象，不是说你能生我不能生，不是这意思。你不能生说明你有毛病，像某个影视明星做不育不孕广告，他根本就没有那毛病，他去做这个广告去，那是骗人的。有好多未准就这么神奇，还是靠自己最好。当然现在科技手段发达了，你说这人站不了桩到医院去，咱们不反对啊。人家说自己走的路自己选吗，也有说试管婴儿的，我建议你还是从自身调理吧，因为是身体有毛病，是身体不正常。

让家人健康是大孝

刚才说了，我这功法教的就是"提挈天地，把握阴阳"。你们在座的都是入门、入室弟子，一定不要把它不当回事。你们都有义务，你们在誓词上写的一定要传承下去，起码能教家里的父母吧，家里的老人吧。你看，小杨他妈现在每天都站桩，你母亲现在每天站吧？（小杨点头）这就是孝，这才是孝呢。刚才说我有一个学生，姓吴，她就是反复要求她爸爸站。她爸爸接受了，结果身体越来越好了，这才叫孝呢。你看，**你自身身体好了，你儿女少受很多累；你父母身体好了，你也少受累，所以从上到下都有好处**，大家要有智慧啊！你看练表演功夫的那么多，最后有几个能上电影、电视剧的？那是凤毛麟角，他都是走运的。像我这样的人一辈子都没走过运，所以我也上不了电视，因为我这功夫也不好看，我也没法表演去。

作为咱们来讲，就是先练自己吧，先让自己健康了，影响周围的人，让他们看着你健康了、病好了。你们没毛病的可能没这么大的效果啊，你们本身就没毛病，别人也看不出什么来。这个人本身就有很多毛病，练好了以后，周围的人，尤其是家里的人，见到这个说："咦，这东西好"，他们也学了。如果再积极一点，你们可以动员家里人练，亲友练，是吧？把这个东西要更广泛地传下去。我这有一个学生，她原来老是动员她父亲去站桩，73岁了，靠门站了半年，每次靠30分钟吧，他说肝功能三项指标都正常了，他的尿酸值原来 500 多，也降下来了。连老人他都能站，所以跟你家里老人动员，靠着门站，把方法教给他们。起码你站桩要是身体好了，给他们做一个表率，父母也相信了，你再动员他们练，这样慢慢地学会的人越来越多。

我说了半天，就是要学正确的功法。你们现在跟我学了这么多年，我也挺感恩的，也没耽误我自己练功。我看见你们练，现在也开始练啦，向你们学习，师生互学嘛。咱们现在共同提高，我的愿望就是让大家能够把这个正确的功法，教给更多的人，让更多的人健康。咱们不是要让全世界追捧它，只是希望更多的人接受这正确的，因为站桩成本最低、最简单，有点地方就能练。健康人人需求，我上次也讲了，连糖尿病都能站好了。

椎间盘突出的，很容易好，当然是靠着门站。椎间盘突出的，很多都是健身房练出来的，或者练瑜伽练出来的，我都让他们靠着门站，好了很多。所以说咱们这功法，要多介绍给别人，起码把家里父母，岁数大的老人，能够做到的，尽量动员他们，为了他们健康，这个才叫孝顺嘛。

站桩和密宗

前一段讲上古有真人者,那就是桩功。**桩功就是"提挈天地"，你就要顶天立地：头顶为乾，足底为坤，这叫顶天立地。百会跟**

会阴这条线是你的中线、中轴线，也是你的中。守中，形的中就是这条线，百会跟会阴这条线要过地心，要跟地垂直的，为什么这么说呢？这是道家的东西啊，后来我发现修密宗的也是这条线，他们叫中脉。当然还有左脉、右脉，我教的功里面没有这个，这跟密宗还是有点不一样。密宗说会阴叫海底轮，咱们这个气下丹田、降海底也是那个地方。他们的下丹田叫脐轮。他们的绛宫叫心轮，咱们叫绛宫，心神居所叫绛宫，他们叫心轮。咱们叫十二重楼，他们叫喉轮。咱们上丹田叫泥丸宫，他们叫眉心轮。咱们的百会，他们叫顶轮。再往上出了体外，还有个叫梵穴轮，他们就多这么一个，它也是在这条线上，所以这叫合于道。

密宗修持的时候，他们也练功啊，他们也要上接天根、下接地轴，这才是健康之道。他们也能修出很多功能来，当然人家闭关，

内功主要修炼部位示意图

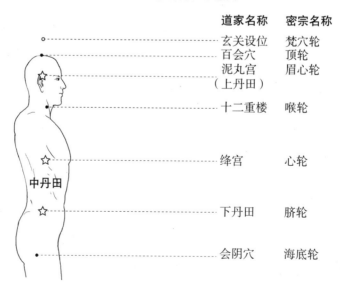

	道家名称	密宗名称
	玄关设位	梵穴轮
	百会穴	顶轮
	泥丸宫 （上丹田）	眉心轮
	十二重楼	喉轮
	绛宫	心轮
中丹田		
	下丹田	脐轮
	会阴穴	海底轮

咱们还要上班，还要挣钱去，不可能闭关不出来了，谁都做不到，在座的谁做得到？在这个世俗间，还得按世俗人的生活，当然你抽出空来站站桩，可以达到养生的目的。刚才说过了嘛，人到40岁，肾气衰竭，肾气衰，到56岁的时候，七八五十六，肝气衰竭了，筋不能动。所以到这个时候已经是一个老态了，你想想到这个时候是不是一个老人了？

突破40岁大关

作为人来讲，一切指标都正常了，你可以突破40岁这大关，女生是35岁的大关可以突破，肾气衰嘛，这是必然的，女生是35岁肾气衰，男的是40岁肾气衰，这是规律，《黄帝内经》说得多清楚呀。所以你突破这规律要靠什么，就是刚才说"上古有真人者"，那现在有真人没有，你就是真人，你练你就是真人，干吗找上古去呀，现在也有，你就是！要相信自己，你能拜我为师就是相信我，相信师父吧，然后又相信自己，对吧？你们跟我学，说师父教的都是对的，没练好是我自己的事，你不要说我没教你啊（笑）。后来我说嘛，你如果没好不能说是桩不好，这不对。站就好，你没好是没站，这我敢说，是吧？有些癌症我不敢说，因为没经历过，这我不敢说。因为什么，这东西挺凶险的，"你就站桩吧"，那咱不敢说。但我建议你在治疗的过程中站站桩，恢复体质，增强你的抵抗力。抵御外邪能力强了，你自然应该是有好处的嘛，正气内存、邪不可干嘛，你正气虚了，自然就抵御不了外邪。

为什么有好多老年病，一过了40岁以后，什么糖尿病、心脏病、高血压都来了，三高都是什么？高血糖、高血脂、高血压，是吧？这是三高吧。当然你要坚持站桩下去呀，这三高不会找你。你吃的东西不代谢了，代谢不了就是毒，你功能都不具备了，化不掉了就是毒嘛，就等于你这个热量过了，太过了烧坏了、烧毁了，你把它化掉了就是你的营养。

炼精化气

你看，炼精化气，炼什么精化气？水谷之精嘛，水谷之精微是化气的一种物质，说"天食人以五气，地食人以五味"（《黄帝内经·素问·六节藏象论》），五气是什么呀？焦、腐、腥、臊、香。地食人以五味呀，酸、甜、苦、辣、咸。"五气入鼻，藏于心肺，上使五色修明，音声能彰。五味入口，藏于肠胃，味有所藏，以养五气，气和而生，津液相成，神乃自生。"昨天来的那姐俩，妹妹在美国，姐姐在中国，她更年期的时候，眼睛干、嘴干，嘴干张着嘴，晚上睡不着觉，干的一点儿唾液都没有。她就来站了一次，又流眼泪又打哈欠，然后唾液也多了，现在嘴也不干了。

昨天、前天姐俩都来了，她现在在家自己站，自己能站。我的观点就是，你在这儿学会了，你在家站。因为你不用租地方呀，没有成本，零成本，你照样能健康。你看那个小李就是，她站了有一年了嘛，她现在站得非常好，眼泪也有了，唾液也有了，她自己说嘛，过去的那些毛病都没了，还得靠自己吧，就是说炼精化气，水谷之精化为气（炁）。

气是生命的原动力，咱们元精元气元神，都是与生俱来的，到后来是怎么消耗的呢？成年以后，由于一些社会活动，年龄的增长，你到了四八三十二，这是筋骨隆盛、最强盛的时候。你身体32岁时最强壮、鼎盛时期，到40岁时就完了，一下子就肾气衰了。在20多岁的时候，30岁之前，你都是非常健康的。你看现在的人吧他不知养生，不知保养，水谷精微吃到足够营养你自身的就够了，不要过度追求什么好吃、吃什么，到最后吃得高血压、糖尿病都出来了。当然不是咱们咒人家啊，你要是练功就没有这状况，吃完你能吸收、能代谢了你不会出这毛病。所以刚才我说了，咱们可以把40岁这一关呀能推迟很长时间，什么五八、六八、七八、八八六十四，你在健康期呀。《内经》讲到六十四的时候呀，身体全都衰竭了，肝气肾气全都衰竭了，你头发也掉光了，牙也掉没了。这是64岁，不是说这人掉牙和头发了，就身体不正常，这是正常现象。但你何不把它延长到更长时间呢？到80岁你牙还不掉，你头发还有，甭管有几根，他没掉光就行了。所以说你看，到64岁基本上有好多人就秃头、秃顶了。像你们站桩到 80 岁也不可能掉头发，不可能掉光了。我头发天生少，从小就少，头发也细。原来在工厂有千分尺，量的时候，他们都是 0.07、0.08，最低的 0.07，我是 0.04。我头发细，说明我先天并不好，当然通过后天我自己练功，我还比一般人要强。因为我头发细，可能就是先天的事，是吧？所以作为咱们人来讲，要积极地活着，别给儿女增加负担。

初学避免空腹站桩

刚才说了，有好多病都是不药而愈的，而且有好多都是很难治的病。自身的大药是什么啊，就是你的坎离相交，离中虚，坎中满，咱们讲嘛，这为离，胸是心火；火中有真水，降下来，这空下来，气降到丹田，这时候你坎离相交嘛，这水火相济。你生成三个阳爻，就是你自身的药，以后还要讲到这块。我刚刚讲到，你吃到水谷之精，五味和五气，五味是养五气的，气和而生，津液相成，神乃自生嘛，炼精化气，炼气化神。所以初学的，第一天站的，身体弱一点的，必须吃一点东西再站，当然将来你们站一段时间，你们早上不吃东西也能站，没问题。但是一开始刚学的时候，因为你一放松，这气降下来以后，水谷之精你不具备的时候，原料没有，你炼精化气，一会儿就头晕了、恶心了，这不奇怪啊。因为我教过很多是这样的，有不少，不能说百分之百这样的。有很多站桩头晕了，我一问，"没吃饭吧？""没吃，早上没吃。"所以早上起来，初学的，要吃点东西。如果你们要教周围的人吧，先让他吃点东西。你吃得再饱，撑得不得了了，一站桩，一会儿就消化下去了。这就是所说的炼精化气，有很多人拿这个当化食丹，当消食丸了。好多人说，马老师，我吃多了一站就好，我说那你多吃也没问题。

站桩是医疗的补充

我在社会上教了 38 年，在厚朴中医学堂教了 6 年半，厚朴基本都是病人，后来就发现，这个功法的养生、治病效果非常明显。因为那些病人到最后扎针吃药疗效不明显的时候，他们就站桩去，经过一段时间就完全康复了，他们发现站桩可以作为医疗的补充。不能说中医中药没有用，它也能治很多病。有的病治不了，站桩能治，有的推拿按摩也能治，它就是互补，中医不光是开汤药；扎针、艾灸、推拿也算，其实站桩也算。上回讲了，《黄帝内经》说"上古有真人者"，就是练站桩功嘛。

桩是什么呀？今天上午来的新人，我一说站桩，他们觉得挺恐怖，马步，哎哟，他说太累了，膝盖也疼，也累，太痛苦了。我说那不叫桩，马步怎么能叫桩呢？顾名思义，外头工地上打的桩就是桩，那桩有弯的吗？一个弯的没有，全是直的，越直越好。

你站桩，你就是桩啊！干吗还上桩上站着去？那是错的，他们就是钉俩橛子站着，管那叫站桩，那叫"站在桩上"，不叫站桩。

上次也讲了，独立守神，有的人认为是一条腿站着，一条腿不是不可以站，但守不了神，咱们老祖宗所讲的都是智慧的结晶，"独立守神，肌肉若一，故能寿敝天地"，就是说，你想健康得靠自己。我只能把这方法教你，从来都没说我能给你法力加持，我从来不敢说这话，这是妄言，下拔舌地狱，我也害怕。我听一位法师讲，现在藏传佛教里头，有一些上师、活佛，是骗子，是假的，看你选择上师有没有智慧，当然也有真的，看你自己有没有智慧。你跟的是假的，学的就是假的，到时候就跟着一块儿下地狱。有位上人讲了这么一句话："懵懂传懵懂，一传两不懂，师父下地狱，徒弟往里拱。"我教你们的功法，我想我自己就不会下地狱，因为我用一颗好心对待所有的不健康的人，健康的人也是如此，对待健康的人也可以学，不是说非得有病你才去学，健康的人学了，要把这文化传承下去。

今天上午那个练了十年瑜伽的又回来了，我说你现在是"回头是岸"，为什么？因为十年前她跟我站得很好，她也知道养生的重要性，所以还得站桩，又回来了。她是跟托马斯一块儿学的，那都是十年前的事了。托马斯是中医，他跟我学之前已经学了十四年的功夫，什么南拳、南刀、铁线拳、洪拳……他说了十二样，我就记住这几样，还有后天八卦掌，他也都学了。到最后，开始跟我学站桩，他那年28岁，他就有智慧，把所有学的东西全舍弃了，清零了，他从头来，所以他现在功夫非常好。所以，别舍不得。有的人不舍，你跟他说了，他舍不得，他练的年头多了，先入为主嘛，对吧？因为你有智慧，你看到好的了才知道什么是好东西。

老子的心法

身心似水

这回讲点儿跟咱们功法有关的，《道德经》的一部分，就讲养生的吧，从养生的角度讲。我老说身形应当似水流，像水一样，怎么才能做到呢？其实古人都教给咱们了，你能不能理解，这是自己的事了。老子说："上善若水，水善利万物而不争，处众人之所恶，故几于道，居善地，心善渊，与善仁，言善信，正善治，事善能，动善时，夫惟不争，故无尤。"水就是不争，哪低上哪去。过去说人往高处走，水往低处流，咱们就像水一样。这个不是说得消极，是不要去跟人家争。假如有什么好处，我拿第一份，这都是我的，你们都拿最次的，这是争。你把这个东西让给别人，也不是坏事。但是功夫不争也不行，我比谁都烂，练得比谁都次，也不对。你要是练得比谁都好，你才能把这功夫传承下去呢。

文中说"水"几乎等于是"道"，道是什么呢？就是自然法则，就是说人要善得像水一样。心善渊，心就像渊水一样清亮、透彻，你的心一定要清亮透彻，像深渊一样。言善信，咱刚才讲了，仁义礼智信，"信"非常重要，做人没有诚信，不够做人的资格，所以说信很重要；正善治，不是政治的"政"，是正确的"正"，治理的"治"，那个不是"政治"，讲的是什么意思呢？讲的是水能洗涤万物，洗涤污垢，水的功能就是这样，"过水为净"么，水挺浑浊的，清亮了以后，用它洗东西，过了水它就是干净的；正善治是这个意思，洗涤万物，涤除尘垢。事善能，李小龙说过，这水呀，没有固定形状，放到圆的里是圆的，放到方的里是方的，这是事善能。水放到任何一个形状里，它能随得上，不去跟你抗争。搁到方的里它非要成圆的，不可能，水就是这种性质。动善时，水是适应四时的，冬天的时候结成冰，到春天的时候化了，它也顺应四时，这叫动善时。言善信，信，诚信，怎么才能做到信呢？拿一盆水搁这儿，一盆水平静下来，照那影儿一点儿走样儿的没有，它不像镜子，镜子有凹有凸的时候，那模样会走样儿，水永远保持原来的那个状貌，永远不会变。

咱们做人也是，要像水一样，咱们养生，心像水一样，你不争，没有人怨恨你，心要宽，要厚，要与人为善。好多人就是嫉妒啊、仇恨啊，其实伤害的都是自己，有人给你使个坏要害你，你要放到心里去，永远是个阴影，确实影响健康。也确实有坏人，咱不能说没有坏人，任何一个社会，任何一个时代，有好人也有坏人，总的来说中间的人是多数，但是如果你这个缘不好，前生修的缘不好，你遇上的周围全是坏人，也要接受、要承受，才能不伤自己的心。如果你老觉着恐惧啊，仇恨啊，怎么防着啊，过去说"防人之心不可无，害人之心不可有"，这句话虽然有道理，但是防也是防不胜防，文化大革命那些受害的人，谁防得过来啊，再防也不行，该倒霉还是倒霉？这就是时代，你造就的，该你受的罪还是要受，自己要受，所以咱们把自己这个仇恨的心呀、嫉妒的心呀要舍掉。因为人的病很多都是心病，郁闷、仇恨、羡慕嫉妒，这都是不正常的。我上一次讲过一回，说人啊恨人有笑人无，就是羡慕、仇视富人，嘲笑贫穷的人，这都是不良的现象。看见人好了，你恭喜他，随喜嘛，你祝贺他。人家全国考了第一，考大学考了最高的分，这个孩子真有出息，人家家里有德。《易经》也讲，"积善之家必有余庆，积不善之家必有余殃"。积善不是迷信，但不求回报，我老说不求自得，你要求它，反而就是一种障碍，你就随他去。你想做的事一定要做，做好事。

绵绵若存，用之不勤

刚才讲"上善若水"，像水一样。养生这块儿，说"谷神不死，是谓玄牝，玄牝之门，谓天地根，绵绵若存，用之不勤"，这是原文。"谷神"是什么意思呢？因为五谷为养么，养五脏，叫五脏之神不死。肝藏魂，肺藏魄，魄为阴，魂为阳，这分阴阳么。五脏也是，讲养生必须要分清五脏：心肝脾肺肾，五脏为阴，六腑为阳，心藏神，肾藏志，脾藏意。这是不死，因为什么啊？关乎于玄牝，玄牝是什么？玄牝是雌雄啊，玄指的是天，是鼻子，牝是什么？是地，是口。"绵绵若存，用之不勤"，呼吸的时候不要急促，好多人提倡有氧运动，拼命去做剧烈运动，认为这种方式有氧，肺和心负担极重，喘得要命。这其实不是养生之道。牝为雌。五味出入于口，咱们吃的东西叫五味，出入于口，为牝为雌。呼吸为雄，从鼻子进，藏于心肺，呼吸不要急促。

上回深圳的那个学员，他来过一回，每天站四个小时，他一次呼吸是两分钟，这就是所说的"绵绵若存，用之不勤"，当然这个有些人可以做到，有些人做不到。呼吸的时候，胎息，鹅毛不起，鹅毛放到鼻子这儿飘不起来，实际上他就是"绵绵若存，用之不勤"。呼吸急促了，一分钟你呼吸五六十次，那是跑步跑的，剧烈运动之后，这就不是养生之道。你要轻吸缓呼，过去讲的"圣人呼吸以踵"，越深越沉越好，呼吸慢了也不是无氧运动，也是有氧运动。为什么？你充分地利用了氧。对心肺功能来说，这一生呼吸多少次，应该是固定的，有个定数，有的人长点，有的人短点，你要是提前用完了呢，也就死了。

有个教授在电视台说，婴儿呼吸，在小腹，腹式呼吸；成年人肺式呼吸，等到人死的时候，气在脖子这儿。捯气儿的时候在这儿，连肺也不动了，就这儿动，确实是这么回事。人的生命就在呼吸之间。但是呼吸怎么调整？刚才说了就是"绵绵若存，用之不勤"。五谷呢，入口，藏于肠胃，是养五气的。咱们要能做到绵绵若存，轻吸缓呼，能做到胎息，这不是很困难的事。咱们这有个学员，他是一小时 57 次呼吸，一分多一点儿一次。托马斯是一小时 60 次呼吸，他站桩的时候数过。咱们可能大多数人都不关注这个，谁也没说我呼吸多少次，数一数，我估计很少有人关注。我一说这个，可能有人关注了。无所谓，关注不关注都没关系，顺其自然，你觉着怎么舒服怎么来，不要让自己憋气。

和光同尘

讲做人，过去说韬光养晦，不要显得自己"我比谁都棒，谁都不如我"。都要拔尖，这个也不是养生之道。如果你拔不了尖，你就生气嘛，所以咱们不要拔尖，要"和其光，同其尘"，把光芒隐起来，就像那个普通人一样，这是养生。你再棒，你也不要锋芒毕露。"持而盈之不如其已"，"已"就是完了，不如其已；"揣而锐之不可长保，金玉满堂莫之能守"。什么意思呢？最锋利的东西，最尖锐的东西，它不可能长久，水倒满了以后，再倒，溢出来了。你不如说，行了，就这样完了，要保持一个平衡的状态，也别过，也别不足。

说到金玉满堂，过去有这么一个真事儿：汉朝汉文帝那时候，有一个叫邓通的，非常有钱，很受皇上宠爱，他是怎么受到皇上宠爱的呢？皇上长大疮，过去叫"痈"，他又疼又痒。邓通说："陛下，我把脓拿嘴给您嗑出来。"他趴那儿把脓给他嗑出来，从做人来讲，这真是臣子对万岁爷的忠心啊！他不嫌恶心。景帝是汉文帝的儿子，这会儿正好赶上嗫脓的时候，他也进来了。汉文帝说："你看邓通把我那个脓给嗫出来了，你也给我嗫一嗫。"他是亲儿子嘛。他儿子说什么啊？说："我刚吃完鱼，嗫完了以后怕又给它发起来，不能给你嗫。"有人给邓通看相，说他螣蛇入口，主饿死。什么叫螣蛇入口啊？就是鼻翼这两根纹，拐到嘴里去了。相书上有，确实也是，我也看过一个胃出了大毛病的人，他的两根纹真是拐进嘴里来了。他做完手术后，两根纹又出来了，我见过这么一个人，这不是迷信，螣蛇入口，主饿死。结果汉文帝说："你们都说他饿死，我非要他富死。"给了他一座铜山，让他发行货币，让他铸钱，你看邓通多富啊。最后怎么着，还真是饿死了。汉文帝一死，景帝即位了，马上就把邓通投到大狱里头去，说："不许给他饭吃啊！"还真是饿死了。所以说金玉满堂不可常保，你看有铜山，能铸钱，是不是相当于现在的财政部长啊，对不对？还能发行钱币嘛，所以说啊，不可长保。咱们做人也一定要守中，刚才咱们一直讲守中啊，后面还讲："富贵而骄，自遗其咎。"说过去的富人啊，我看过《牟氏庄园》那个电视剧，他的家业积累了两百年，绝对不是一夜暴富的。现在一夜暴富容易，一下富的人也有，他得遇上那个能扶助他的人。过去不容易，过去都得省吃俭用，积累财富。好多人说过去那个地主有多坏多坏，不能一概而论，咱也不敢说地主都是好人，现在穷人也不见得都是好人，好人坏人不论贫富，跟贫富没有什么关系。所以咱们讲，六亲眷属，有穷有富，富的帮帮穷的。就是说你把钱守得金玉满堂，也保不住，何必不帮帮别人呐。所以说，要积点善，积善成德而神明自得嘛。

合道方能入道

咱们练功也是，你今天站一个小时，明天又站一个小时，你积累两个小时了吧？"积"，就是不断在叠加。"积土成山，风雨兴焉，积水成渊，蛟龙生焉。积善成德而神明自得"。咱们练，要修到神明。神明是什么啊？超越知觉就是神明，咱们练功夫，到化劲儿就是神明，它不是靠反应。现在一些泰国拳也好，中国武术也好，外国人那些散打也好，那都是知觉，靠力气，靠力量，那跟神明没关系，神明根本就不是反应，要反应来不及，要反应得有一段儿时间，神明没有。这是很奇妙的东西，咱们不是说都要求练到神明，都要练到最高，有些人也是做不到，为什么，他时间有限。有些人做得到，他就是天天积累，一直积累到十年以后，那功夫非常非常好。不是说练到神明不可能，而是你没下到功夫，因为功法对，都能做到。比如，我给你指条路，说要到八大处怎么走，你就往西走，不管顺哪条路走，准能走到。我说往东去，你这一辈子也走不到。所以说，方法对了，你下功夫，积累了，你就能达到。拿小元举例子，他练了好多年某某派太极，还不如什么都没练过的时候。为什么呢？功法错了，现在据传媒体又要开始炒这种太极,炒起来以后,有好多人受害。练这种太极，要求越低越好，蹲下去，有人说跟猴子似的，蹲着练。你练那个东西是不是伤身体啊？

咱们讲练，一定要合于自然、合于道，《道德经》就说合于道，合于自然。刚才说了"富贵而骄，自遗其咎"，你要富贵了，要是骄横、跋扈，自己给自己找罪受，人家都恨你，没人喜欢你。有些人，为什么离休或者退休了以后，失落了？过去追着你的、给你送礼的、奉承你的，都没了，都不理你了，一下就失落了，确实有这种状况。虽然不是因贪官给拿掉的，退休了、没权力了，人家也不送礼了，也不理你了。所以说"富贵而骄，自遗其咎"。**你永远保持一个常人的心态，永远是一颗平常心，你才能做到、达到养生的目的。**咱们为了健康嘛，刚才一直在说健康。

悟空

再下面讲这一段，"三十辐共一毂"，什么是毂啊？咱们车轮不是有个轮毂嘛，过去那木头车轮，它是三十根辐条，中间一个轮毂，轮毂中间是空的。"当其无，有车之用"，你看那中间如果是实心的，插不上车轴，就不能当车用。"埏埴以为器，当其无，有器之用"，什么是无啊？我拿泥胎做一个泥罐子，搁火里烧完了以后，是不是空的？我用的是什么？用的是"空"，用它里面来装东西，这个是又有无又有有。"凿户牖以为室，当其无，有室之用"，你看咱们在山上凿一个洞，没房子住嘛，过去就是凿一个洞，在里面住。凿空了，你才有房子住，这叫什么啊？这叫"有之以为利，无之以为用"。你看那个车轮有那个毂，毂外头那个就是有，是利；里头的空，是用。咱们的也是，**虚其心，实其腹嘛，这（胸部）要空下来，这为无，无就要空下来嘛，气要降下来**；这（腹部）为有，这（胸部）为无，养生为什么要气沉丹田啊，是吧？这是有和无的关系，"有之以为利，无之以为用"，咱用的是空。咱们说"空空洞洞最难求"，就是修的一个空，空、无，是吧？我每次讲要"悟空"啊，一定要"悟空"。空啊，不是不可能，你心清净了，也算空。咱们要是心不清净，也是满的。你看都装满了，就跟这杯子似的，我实心的，也是杯子，它没法儿用。**"有"之为利，"无"之为用，用的是里面的"空"，所以咱们练一个"空"**。到最后你看咱们站桩的时候，到第七式周身透空，用意想着你就是"空"的，你心也止住了，杂念也少了，你感到呼吸非常舒畅。这时候你神也守住了，杂念也少了。所以要一步一步地练，咱们从桩功第一式开始，三个月熬过去，你再慢慢学第二式。气能开能合，能升能降，又有"有"，又有"无"。"有"之为利，"无"之为用，利用嘛，过去咱们说利用什么东西，这就是利用，这么个关系。

虚心实腹含义示意图

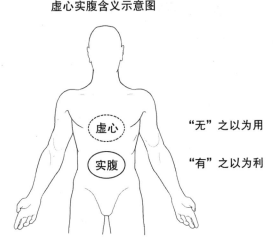

"无"之以为用

"有"之以为利

守中

"五色令人目盲，五音令人耳聋，五味令人口爽，驰骋畋猎令人心发狂，难得之货令人行妨"。什么意思啊？五音过了，过度了啊。咱们讲守中，你过度了，太贪恋了五音，令人耳聋嘛。你五色太过了，眼睛用过了，神用过了，令人目盲，是吧？"五味令人口爽"，是什么意思啊？有的人这么解释口爽，说是口舌生疮，反正你这么理解：就是对身体没好处吧。你想也是啊，用现在观点看，五味东西吃过了，是不是糖尿病、心脏病啊？高血压，三高，这就是吃五味过了的。"驰骋畋猎令人心发狂"，你这儿骑马打猎，追逐的时候，那种紧张的心情，快追上了，一箭没射着，你那会儿特紧张，这是一种心念，就伤神伤得特厉害。所以不要去驰骋畋猎，过于去享受那个五音、五色，还是五味。平淡点儿，最好了，都要守中嘛。刚才说了，你这一过了，就不叫守中。

"难得之货令人行妨"，你这难得之物吧，刚才不是讲了吗，说这一个核桃是值 25 万，是吧？你想想说这真值 25 万啊，它就该有人惦记了。过去有一个真事啊，一块钻石，谁拿了谁丧命，到最后放到大英博物馆还是在美国博物馆，我也忘了啊，就是说这个有这么一档子事。说这个钻石是难得之物嘛，谁都惦记它，反正杀也好、盗也好、抢也好，最后也是不吉祥嘛，谁拿着谁死，后来放博物馆去了，没事了。所以说难得之物，你看"难得之物"就是稀有。老子也说嘛，"不贵难得之物，使民不为盗"，"不尚贤，使民不争"，这什么意思啊？都要守中、平衡，达到平衡，你不要把什么都看得过重了。比如说这一个钻石，不就是块钻石吗？你拿着又怎么样，对吧？你说值个几亿，这就有人惦记了，所以说有人追杀你啊，有时候抢你偷你。你看有的电视剧、电影也好，为了颗钻石，杀了好多人，这是"难得之货令人行妨"嘛。所以不要把这个难得之物看重了。这也是修心嘛，你老惦记着，你得不到是不是很苦啊？假使你说你有这个财力也好，有这个权力也好，你一心想得到它，得不到，非常痛苦，对自己的身体非常不利，所以一定要把一切看得平常，是吧？要守中嘛。

我始终强调要守中。咱们讲这个的意思就是神要内敛，不要把神给放出去，守住你的心神。你要什么都不把它看重了。咱们讲"耳不极听，目不极视，心不遽想，神不外驰"，它就是守中，又叫守神嘛。所以说能做到这一点，必然对你养生有好处。

咱们守中为什么这么重要呢？儒家讲中庸，也就是守中的意思。什么是中庸啊？"喜怒哀乐未发谓之中，发而皆中节谓之和"，其实中庸就是中和，一定不要过。"发而皆中节"就是说要适度，不要过，过了就坏了。所以"未发"和"发而不过"，这就是守中，就叫中庸。

好多东西都是一过了吧，对自己也是一种伤害。我想起一个电视节目里有一个教授讲：有一个小孩，家里头特别讲究卫生，到 6 岁就死掉了。他说那个尿布啊，都用高压锅蒸，什么都消毒，所有一切都要消毒，家长为了保证他健康，到最后没有免疫力，感染了就死，没有抵抗力。这是为什么？过了，是吧？你没有守中嘛。美国一个教授说，小孩的本能是什么啊？只要能坐着、能走、能爬，拿起什么都放到嘴里去。他说你不要干涉，小孩不会生病。为什么呢？小孩自身有免疫力。小孩把脏东西搁到嘴里，是一种微免疫，他自己能产生抵抗力，所以他长大了不过敏。那个美国教授说得非常有道理，你什么东西都不让他往嘴里放，什么都给他消毒，他长大了以后碰上很多东西都过敏。为什么啊？你太过了，没守中嘛。

你看外国人叫分餐，都说有道理。连中国人也说，这个有道理，卫生，其实并不见得好。他们就没病吗？外国人就没传染病？他们也得传染病。你自己一个盘子，刀叉都是自己的，不得传染病？那才怪了，也得。中国人大家几十个人坐一块儿啊，来回你一杯我一盏的，是吧？那筷子，你一筷子我一筷子，那唾液哈喇子反正都在那儿（大家笑），他倒没病。这是为什么呢？你带点细菌，我带点细菌，是吧？就跟咱们所有人打这疫苗一样，对不对？这细菌到你身体里，你的抵抗力比它强大，它就形成一种抗体，这就是咱们中国人所说的微免疫。

刚才说这小孩拿起什么东西都往嘴里放。我就观察了好多小孩，我们家小玥玥也是，到现在捏着东西放嘴里去，我就不让干涉，这就叫守中，达到平衡。你太过了不行啊，弄那一大包细菌都吃了，那肯定得病。少来点，它是微免疫，这就叫守中。所以说守中是最科学的。

　　我原来说过嘛，是半开玩笑，我说你看为什么说四大文明古国就中国现在还在这儿站着呢？咱们叫中国，咱守的是中，所以咱们能屹立于世界，是吧？咱们能永远不倒。虽然说这个有些牵强，但是我觉得还是有道理的，咱们叫中国，永远叫中国，永远不会败。咱们的历史五千年了吧。但是你自己想消灭自己就没有办法了，你看，说那个中医不科学，它不能量化。中国东西好多都不能量化，那《易经》能量化吗？这个变数它能量化吗？不能量化。所以说有些东西啊，它可以作为指导性的东西，是吧？

　　中医讲望闻问切，这是神明，修到神明了，一看就知道你该吃什么药，你有什么病。现在是他一看也不知道怎么回事，教授看了也不知道怎么回事，还得上 CT、什么 B 超，教授现在都这么干，那个带博士生的也这么干。那好中医就不用这个，你看着那土气的老中医，在农村里的，他看你一眼就知道该给你开什么药，吃了就能好，很多这样的。所以说现代科学，有时候想取代过去咱们中国传统文化，还是取代不了。但是咱们现在有些东西就没落了，因为是文化断档。从"五四"以来，鲁迅那会儿就号召消灭传统文化，他就想把那个汉字消灭了。咱们倒不能说他是坏人啊，他也挺伟大的，是吧？他伟大是他的事，但是他方法不对。

　　咱们这个东西，还是靠民间咱们自发地来把它继承发扬。现在有很多在终南山修行的人，不让他孩子上学。反正对不对咱们不评论啊，在家自己教，读四书五经，是吧？学这个传统文化，就在家自己教，在终南山有很多这样的人。你说人家就没有智慧吗？我说这是大智慧，他敢放下。咱们谁敢？"哎哟，我的孩子还得考大学呢，还得工作呢。"你不工作又能怎么样，对不对？生存之道，你要看明白了，对吧？你把中国这些传统东西都学精了、学透了，那你就是做了最大的贡献、对人类的贡献。你到哪儿去教这些东西，也不是没路走吧？你看好多台湾的在大陆讲学，讲传统文化，多受欢迎啊！咱不管人家挣多少钱，他有饭吃，不可能饿死。

咱们说练功也是，守住你的心神也是守中嘛。你自己的形从"体"上来讲，它也是守中。你百会到会阴这条线跟地是垂直的嘛，上接天根，下接地轴，这也是守中。守住你自己的心神，"神"是什么，它是君主之官，在绛宫。绛宫在什么地方啊？咱们大家都知道这个穴位吧，膻中穴，往里去是心神的居所，守住了这个心神。方寸嘛，"灵台方寸山，斜月三星洞"，这不就是心嘛，这是菩提老祖，就是孙悟空师父居住的地方，就是心。修自己的心，守住了自己的中。神的居所在正中，它不是在心脏里边。上回我讲过一点儿，中医讲"左肝右肺"，都这么说吧，中医知道"肺为华盖"，在上边，华盖，最高是华盖嘛，他知道肺在什么位置，但他说是左肝右肺，他说的是神。你守神也是守中，肝有肝神，肺有肺神，心有心神。

咱们要守住咱们的中，这个才是长生之道。"天地之间，其犹橐龠乎"，天地间像风箱一样，"橐龠"就是风箱，一拉一推，一拉一推，"天地之间，其犹橐龠乎，虚而不屈，动而愈出，多言数穷，不如守中"。你话说多了，不如守中。你话多了数穷嘛，我现在天天讲,我也数穷了。但我还要做到守中。守中,什么意思?刚才说了,中庸就是守中,那个儒家讲中庸,道家讲守中,刚才说了,"多言数穷,不如守中"。"虚而不屈,动而愈出"什么意思啊?你拉风箱,你看咱们说,练到第二式的时候,开合,两肋的开合就像拉风箱一样,打开以后,虚而不屈;往里推的时候气就推出来了,它叫动而愈出,所以你守住了你的中。咱们练的是中丹田,中丹田也是中嘛,上丹田、中丹田、下丹田,咱们练的主要是中丹田。

中丹田在脐上至剑突下面这段,脾土嘛。"土釜黄庭",黄庭,脐上这块就是中丹田。它也叫"土釜",土是什么,脾为土;釜是什么?"锅"呀,对吧?中丹田是锅,下丹田是炉,上丹田是鼎,鼎为阳,炉为阴,这是上下之分,中丹田就是锅,你这做饭的家伙不都有了嘛。它炼内丹就讲有炉有鼎嘛,还有锅,你这做饭的家伙都具备了,你自己能练了。你看你自己有好东西不会用,你这个锅也不会用,炉也不会用,你就是去消耗;咱们是在养,是在补,调补。按我说的,你就能健康地活到晚年。明白吧?所以,你就不用去找大夫,把命交给自己,这就活得明白了。现在绝大部分人就交给"神仙",交给那些神功的人,交给医生,他不想自己的办法。为什么说好多人一说这人有特异功能,那追他追得要命,想让他把病给你拿走。十大特异功能,其中有一个人说"我一把能把你的癌症抓出来"。抓谁啊他?他自己还不知怎么死的呢!

上、中、下丹田位置比喻图

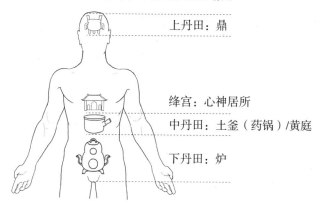

上丹田：鼎

绛宫：心神居所

中丹田：土釜（药锅）/黄庭

下丹田：炉

　　第一式咱们把气降下来以后，守住我们的神，把神、把那个心火降到下丹田，这时候咱们说水火相济嘛，最后练的是中丹田，还是叫守中。不管是中国文化也好，佛教文化也好，也讲守中。《无量寿经》（"寿乐无极"第三十二）里讲："容容虚空，适得其中，中表相应，自然严整。"中表相应，它是中和外都要相应嘛。容容虚空，适得其中，要得其中。刚才说了，就是守住了你的中，才是真正做到正道。不守住中，那就出毛病。刚才说了，人的病基本都是心病，你看好多人想不开啊，郁闷，现在好多患忧郁症、抑郁症的，是吧？抑郁症就是心神出了毛病。你要是真能守住中，不会得这毛病。所以说，咱们这练功虽然简单，但是非常有效，在调形的过程中，你就守住了中。**头三个月，你神守不住，心里比较乱，但慢慢守住了，你不会得抑郁症，而且你老觉得自己是快乐的。**为什么？你身体越来越好，你健康了，你自然就是快乐的，有很多人是被病磨的，脾气也大，特爱发脾气，这都不叫守中。

如果能做到守中，咱们健康就基本能做到了。

咱们始终贯穿着"守中"，守中你才能立于不败之地，所以你左也不行，右也不行。你看老子有这么一段，他讲得非常好，他说："天之道，其犹张弓乎？"就是像拉弓射箭一样；"高者抑之，下者举之"，高了降下去，低了举起来；"有余者损之，不足者与之。天之道，损有余而补不足。人之道，则不然，损不足以奉有余"。这人道就是"损不足以奉有余"。所以说咱们要守中嘛，要不偏，既不高也不低，既不左也不右。要是射箭要对着靶心儿，这就是守中。咱们做人也是，一定要把这心立正了。如果说这人心眼不正，也是没守中。有些人，这心特别不好，特别坏，那就是没守中。因为咱们的心神居所在绛宫，这在密宗呢，它叫心轮，实际上这个位置很重要。虚其心，实其腹，这儿要空下来，空下来以后啊，心火降到下丹田，这就是上次说的那个水火相济。水火相济就是道家练内丹功的方法，他们说得非常复杂，咱们要简单化。简单化呢，好理解，也好操作。

守中，还有一段说："知者不言，言者不知。"这话多的人吧，他并没有多少知识；知识非常丰富的人呢，不一定到外头说去，这也叫守中。有些人是知道那么一点儿，到处讲去，而且他讲的不一定是对的。所以咱们过去说："愚者千虑，必有一得；智者千虑，必有一失。"作为我来讲呢，我这一辈子，我是愚者。我这千虑有一得，往往就我这一得吧，可以补充那些智者的一失。所以作为咱们来讲一定要虚心。这也是虚其心、实其腹，也是守中。

为什么你不要把自己看成智者，知者不言实际上是智者不言，这个"知"和"智"过去是通用的，就是少说。前段儿讲过"多言数穷，不如守中"，这里也是智者不言，也叫守中。

"塞其兑，闭其门"，"兑"是什么呀？他讲"多言必多患"，你多说话必有过失。他让你"塞其兑，闭其门"，"兑"就是嘴啊，把嘴闭上，就是少说话。守神，也就是守中。"挫其锐，解其纷"，就是要抑制自己争强好胜的心理，不要让自己锋芒毕露，要显得像普通人一样。"和其光，同其尘"，就是要求你释嫌解怨，不要与别人结怨。要让自己的光芒隐晦起来，就像普通人一模一样。你这才叫智者不言。塞其兑，少说话，这也是守中嘛。

阴阳平衡，五行平衡，也叫守中。咱们中国说五行生克，生克达到平衡了也是守中。金克木，木克土，土克水，水克火，那克起来没完了，都克制了，人没活路了。心、肝、脾、肺、肾，五行合于五脏是吧？那没活路了。其实不是那回事！它生克平衡了也是守中嘛，它也是健康的嘛。你光说，哎哟，相克这就坏了。它还有个相生呢。生克平衡了，也是守中。

咱们练内家功要守中，不左不右，不上不下，你就可以守住你的中，守着你的心神。守神一般不大容易，意马心猿嘛。咱们练功的时候，通过站桩，站一段时间以后，你看好多人气质变化特别明显，这是内修。所以说什么是内家、什么是外家，咱们现在就比较清楚了。

人体阴阳五行

咱们中国的文化都是以阴阳五行为核心。你看中医讲阴阳，道家讲阴阳，《易经》也是主要讲阴阳，阴阳是中国文化的主体，一切都离不开阴阳。中医讲八纲，阴阳表里寒热虚实，原来我也讲过，阴阳放在头里，表里是不是也是阴阳？寒热也是阴阳呀，虚实还是阴阳，所以总的来说，总纲就是阴阳。

阴阳是什么啊？咱们说"无极生太极，太极生两仪"，两仪就是阴阳；"两仪生四象，四象生八卦"，咱们练功的时候啊，要"提挈天地，把握阴阳"，要把握自身的阴阳。背为阳，腹为阴，从动作上、从调形来讲，它是开为阳，合为阴。现在有好多练功、打拳的人，他不知道开合，就努气使力，拼命地用力气，他就是对阴阳一点儿也不理解。如果说你懂了阴阳以后，你练功的时候就不会去努气使力、咬牙瞪眼、恶狠狠的，要放松下来像水一样。所以你把握阴阳，提挈天地。你不把握了阴阳，颠倒了阴阳就错了，那你就要受害。

好多练太极的，为什么腿都练坏了？他没把握住阴阳。为什么没把握住？你看他那个练的也是啊，一转起来也挺好看的，但是他蹲低了以后，阳面闭藏了。咱们后边为太阳嘛，从委中大筋一直到后背都为太阳。阳面不能闭藏，他不懂得这个道理，因为不懂得，他让你蹲低了。确实，说这个"哎哟，好看，有功夫"，一般人蹲不下去，你把阳面闭藏了嘛，对不对？阴面，前面练僵了，这就不叫守中嘛。所以，阳面一定要打开，后面一定要有力。

我讲过这个：背为阳，腹为阴，这不两仪嘛，"太极分两仪"，两仪是什么？阴阳嘛，背为阳，腹为阴。"两仪生四象"，四象是什么？腿，太阳少阳，太阴少阴，四象四面，是吧？"四象生八卦"，咱们做动功的时候，体现到八卦的那种变数的感觉，脚底下就是在不停地阴极阳生、阳极阴生。开退的时候，后脚外侧受力，它一点一点往后移，是个变数嘛，六十四卦，阴阳在交变的时候它是逐步在变。你看太极图也是，阴阳鱼从小到大，到最后到"极"的时候，就开始变小了。这是阴极阳生，阳极阴生，就是这个八

人体阴阳分布图

上为阳
下为阴

前为阴　后为阳

右为阴　左为阳

胸为阳
腹为阴

（女子相反：左为阴，右为阳）

腿的四象

腿后侧：太阳　　腿内侧：少阴　　腿外侧：少阳　　　腿前侧：太阴

卦嘛。你看做动功的时候，合进开退，这就是和于八卦。两仪四象八卦都具备了，你才能说做到守中，是吧？

内五行讲的是心、肝、脾、肺、肾，心对应的是火，肾对应的是水，肺对应的是金，肝对应的是木，脾对应土。"离中虚，坎中满"，老子说"虚其心，实其腹"，把心火降下来，叫"取坎填离"，这生成的阳爻你放到中丹田烹炼。为什么说中丹田非常重要，咱们不光是技击，站到第二式的时候，要把中丹田打开，要开合升降，这时候就强化脾胃的运化功能。

今天上午我跟他们讲，人一过40岁，《黄帝内经》讲过，五八四十，人的肾气衰了；肾气衰了，一切都衰了。肾为先天之本，你的脾胃功能自然也跟着衰，这时候你吃什么都不能代谢了。先天特别强盛的人可能能多延迟几年，在正常情况下到了40岁一般功能都衰退了，像糖尿病、高血压、心脏病的初期阶段都是从这个年龄开始。所以咱们说保养一是要顺应四时，二是要适应自己身体。

咱们站桩功的时候就是适应自己的身体，让它"合于道"。要是不合于道，你练功也许三年下来，还不等小成就残废了。真有这样的，咱们这儿也有实例嘛，跟别人练残废了之后过来学的。现在大部分人练功是自残自虐，这是非常不好的现象。我到全国各地讲的时候，我都要跟人讲，一定要让自己练功的时候感觉是一种享受。当然开始非常枯燥，不可能是享受的感觉，三个月以后，我讲过多少回了嘛，你们大家也有这个体验吧。过了三个月以后，你慢慢松下来，不觉得那么痛苦了。刚开始确实枯燥乏味，这是个过程，当然只有这一段很短的过程。过去像那个修道的说百日筑基，实际上三个月也和一百日差不多，所以说筑基的过程就是熬你的心力。

顺应四时

刚才讲了阴阳，咱们说泥丸宫是上丹田，从内讲它是天，下丹田是小腹，它是地，一个乾一个坤。从整体来讲也是，乾坤就是阴阳嘛，头顶为乾，足底为坤，又是阴阳。你看背为阳、腹为阴，也是阴阳。腿的四象是太阴、太阳、少阴、少阳，由两仪所生。

咱们从方位上来讲，它讲乾为天，为父，为阳，它是位在西北，季节在秋冬间。咱们简单地讲一讲，因为这要展开太复杂了，咱们就大概了解一下。坤为地，为母，位是西南方向，在四季是夏秋间；震为长男，乾坤所生，长男为震，震是雷，它的方位是东，它应四季是春；巽是风，是木，长女，它是位东南，应四季是在春夏间；坎是中男，是水，对应的是五官的两耳，对应的方位是北，对应的季节是冬；离为中女，就是第二个女儿，它为火，为日，为目，在天象为日，在五官为目、为眼睛，方位在南方，对应的四季也是夏季；艮是少男，是山，对应的器官是手，对应的方位是东北，对应的四季是冬春前；兑是少女，对应自然是泽，对应的五官是口，对应的方位是西，对应的四季是秋。

四时的变化即为阴阳的变化，阴极阳生，阳极阴生，冬至一阳生，在阴极阳生了；到夏至是一阴生，开始阳极阴生。所以养生要应四时，不要吃非时之物，不要吃非季之物。有些人为什么到一个地方水土不服？你自身的适应能力差。这也是正常啊，你要是北方人一开始到南方，闹肚子，水土不服，你吃的东西是南方所产的。还有像现在冬季大棚里种的蔬菜，你最好是不吃，那些东西都是非时之物，它该有的营养成分一点儿都不具备，而且是对人体也没什么好处。所以人要适应四时，刚才讲了乾坤坎离，这都是讲养生这一块。

《黄帝内经》也讲人要顺应四时，它讲"春三月，此谓发陈，天地俱生，万物以荣，夜卧早起，广步于庭，被发缓形，以使志生，生而勿杀，予而勿夺，赏而勿罚"（素问·四气调神大论）。就是万物生长的季节，养你的肝气，因为春天属肝。"生而不杀"，这个时候你不能杀生，当然咱们讲什么时候都不能杀生，生而不杀这就叫自然规律。咱们谁都脱离不了这个尘世，现在有养动物的，养这个那个的，咱们讲是生而勿杀。"予而勿夺"，就是给予了而不剥夺，要给而不夺，还要赏而不罚。

夏三月，天地气交，万物开花结果的时候，是"夜卧早起"，就是要晚睡早起，这是应四时；要"无厌于日"，就是始终要追着太阳走，要"使志无怒"。现代有些人不注意，夏天的时候，冰淇淋啊，凉啤酒啊，一些冷饮啊，他觉得能消暑，其实啊，这人为什么长好多肥肉呢？你看有些人，吃凉吃多了以后，肚子要保温嘛，胃寒了以后，它要长脂肪，所以肚子长好多油，这就是夏天吃凉吃过多了，所以还是要注意养生。

秋三月，"早卧早起，与鸡俱兴，使志安宁，以缓秋刑，收敛神气，使秋气平，无外其志，使肺气清"。神应该收敛，秋主肺气嘛，秋天为金，肺为金，所以说秋天要顺应这个养肺气，你看咱们形意拳是劈、崩、钻、炮、横，这个时候你要多练练劈拳，也是应四时的。五行拳嘛，五行跟阴阳是相合的、相对应的。

冬三月，要"早卧晚起"，因为太阳出得晚，它又落得早，所以要早睡晚起，"必待日光"，使志藏伏，要隐蔽，注意保温。春夏养阳，秋冬养阴，这就是说养生要应四时。春夏阳气在表，秋冬阳气在里，春夏不宜饮食寒凉。

生活起居，要追着太阳走，现在夏天了，晚点睡早点起，这是顺应四时，你要是违背四时了，那都不对。还有四季，四季就讲到饮食这方面。咱们现代人谁也免不了吃有毒的东西，呼吸这个 PM2.5，谁也免不了，这是咱们大家共同的因缘，有钱人也得呼吸，也得喝这个水，也得吃这个。当然有钱了，就喝矿泉水，也未准都好。咱们吃的那个蔬菜、粮食，没有不用化肥农药的。你怎么能把这些代谢出去、排出去呢？有些人一站桩，眼泪哗哗地流，打哈欠，这就是慢慢在恢复，在自我调整。现在吃的东西都是这些，你不敢不吃，不敢吃你一个礼拜就死；你说气我不敢喘了，三分钟就死；水我也不敢喝了，三天就差不多了。所以说咱们该吃吃，该喝喝，你也别纠结，这个东西有毒，有毒你就当没毒，心里没毒就没毒，所以你好好练功，都能排出去。这些东西不是瞎说，瞎说是没有根据的。因为有好多慢性病，都是因为出汗，身上哗哗出汗，好了。不知道小叶记不记得一个姓姜的学员？巨胖！他是法院的法官，记着吧？那脖子比脑袋还粗呢！（小叶：胖得跟馒头似的。）对，特暄特暄那种。我跟他开玩笑："你这手都摸不到肚脐眼。"其实我是夸张地说，也是跟他开玩笑，胖到那个程度，这么粗。他一站桩裤子都湿到膝盖以下，非常有毅力。他站了一年，正常了，为什么啊？健康靠自己吧。不是我在给你什么，是我教你什么。你自己站，完全是靠你自己。所以说这东西，不能把迷信色彩加到里边。

咱们练功有一个好处，有些东西你可以代谢掉了，慢慢、慢慢通过时间的积累，什么都要积累嘛。上次我讲到，你要练功积累到一万个小时，你就能练到上乘，确实是这么回事。我大概算了算，咱们每天练三个小时，十年下来，正好积累够一万个小时。你这么一算，正好十年一大成。原来我说过，三年一小成，十年一大成，这是在什么前提下？你得练对了。你要练错了，甭说小成，三年就残废了，这是有先例的。所以说，你们找对了门，投对了门，找对了老师，这是非常重要的。我讲这些东西，也就是要证明一下，现在什么是对、什么是错。为什么啊？现在错的太多太多了，原来讲过十大特异功能，是因为什么呢？就是因为对的太少，所以这些牛鬼蛇神们就纷纷出笼了。这些牛鬼神蛇都翻过身来了，就

在课堂上

在那骗老百姓。老百姓为什么上当呢？就是因为没有知识。咱们说过嘛，智慧是自己修出来的，积善成德而神明自得，这就是你有神明，你就有智慧。

第四章
不可胜在己，可胜在敌

学拳因缘

讲到这里，我再把过去有些往事回忆一下。我是怎么学的形意拳的，也是个机缘吧，也是缘，为什么这么说呢？我父亲在年轻的时候养鸽子，解放前养鸽子的人都是有闲阶层，他就是没事干，养鸽子，养一大堆鸽子。他养的水平非常高，所以他的鸽子朋友极多。我爸这人有这么一个好处，不怕别人吃，去的朋友绝对好好招待。他那朋友经常一群一群地去我家，拿着鸽子让我爸看看好不好。我师父也养鸽子，他也是特喜欢鸽子。有一天，我师父上我们家去，那会儿我还上小学呢，我过去打个招呼。他说："你想练武术吗？"我说："想练啊。""想，就跟我学吧。""行。"完了以后，我跟我爸说："你带我去"，就这么把我送去了。从此以后，我是寒暑假都"长"到他们家。

从那开始，我练什么呢？也是套路。一开始先练岳氏连拳、弹腿，入门拳，后来就是压腿、抻筋、踢腿，然后就是练长拳，又学各种套路，学了好几十个套路。为什么叙这个机缘呢？后来我师父跟我说："你爸这人啊，脾气不好，但是他心眼儿好。"他说，"你看，我六个孩子"。我师父六个孩子，还有他们两口，这就八个人了嘛，还有他老妈，他一人上班。"我生活那会儿相当困难，你爸爸到我这儿来啊，两个兜，不管多少钱，全掏出来，一分不剩给我放下。"你看，这就是说啊，帮助了别人，我就是受益，受的是我爸爸积下来的。咱们说了，仁义礼智信这才够做人的标准。原来讲到"六亲眷属，资用有无，不能忧念"，这都不对。所以说帮助了自己的好朋友，也是积下德了。

颠覆传统

我所有的师兄弟学的跟我都是一样的，但我自己后来完全形成了自己的东西。我从 22 岁开始教，发生了一个非常大的变化，这个完全颠覆了过去那些传统。原来我有个师爷姓郭，他是练鹰爪的，师父把这功法都教给我了，一步一步都跟我说了。咱们这里也不讲这个，咱也不练这个。后来，我师父说了这么一句话："可能这个对身体有伤害，你师爷 53 岁就死了，他儿子也是一身病，心脏病、糖尿病、高血压，一身病。"我一听，我说，得，我这人比较惜命啊，我说我不练这个了，所以我也没教你们这些东西。我是有取有舍，我舍的大部分都是很痛苦的，你看那弓马步、下叉，我都不让你们练。为什么啊？我明白一个道理：你人成年以后再拉筋，容易拉坏。再说压腿拉筋啊，也是要顺应四时嘛，春生夏长、秋收冬藏。如果说你们教教小孩，让他压压腿，也不要太过力了，压腿压过了吧，你像那个武术表演的，他把筋都抻乏了，一看踢得挺老高。你看表演的时候，后面被人搂住了，他脚一勾，从肩膀上把人踢倒了。那踢不着，你胸脯就把这腿挡住了，连粘都粘不着，那也就是一个表演。所以说，小孩练呐，让他适度，抻一抻可以。光教他站桩，他绝对不接受，小孩站不住。所以教小孩，可以把弹腿学习一下。你们可以不练。你要练，其实跟内家拳完全是相通的，我建议以后你们也可以学一学。像这些非常有用的东西，我都保留下来了，也可以教给大家。

后来，还没有到粮食困难的时候呢，我还在上初中的时候，我师父和我几个师叔每周日都在一起练拳。师叔有张锦华、杜广生、兰田，还有师伯关秉公，他解放前是中国银行行长的贴身保镖，解放之后行长留在了山西，他也留在山西银行工作了。那时候关师伯、夏清福、杜广生师叔，这些都是功夫特别好的；有时候兰田也去，他是许笑羽的徒弟，他也是特别能打。这些提到的人，每周日都到北海，五龙亭再往西有个小西天，那个大殿特别清静，不像现在到处都是人，那会儿没人。他们就在那儿练。练着练着，没过多久，六一年粮食困难了，那也去练去，约好了每周都去嘛。那时没有手机，也没有电话，说好了必须得去。有一天我上我师父家等着去，忽然下大雨，下得特别大。我说："还能去吗？这么大的雨，还有人去吗？"我师父说："你放心，一个都缺不了。你记住了，宁失江山，不失约会。"师父接着说："要是下刀子，咱们顶着案板也要去。"结果我们还是去了。去了一看，一个人也不缺。就这样，约好了从来都不失信。咱们说，这个信非常重要，失信了吧，过去就认为这个人不怎么样，做人的标准就不够了。这些人里面，都是没什么名气的，还有自身被定为反革命的，都没有名气嘛。最有名气的一个，被国家封为武林泰斗的，人家根本不和我们掺和。就我一个小孩在那儿看着长辈们练。

他们练的时候我看着。这些人都是同一个师父，除了师伯关秉公是陈子江的徒弟；剩下的杜广生、张锦华、兰田，还有我师父，他们都是许笑羽的徒弟，他们哥四个打拳都不一样。后来我发现，这人的高矮胖瘦、自身的身体条件不一样，打出拳来也不一样，都形成自己的东西了。他们那会儿都岁数不大，都30多岁，40多岁，就关秉公师伯岁数大，他当时是退休的，60岁退休。他们打拳各自的风格都不一样，就像表演似的，五行拳你打一趟，完了我打一趟，然后我打十二形，他再打十二形，反正这些人打一上午吧。到中午的时候，各自回家吃饭去了。那时候我每周都去看，所以我的印象非常深，我看他们每个人打的风格都不一样。后来我就说，我要练，要练自己的东西。所以，我就把心思放在怎么才能练出内功来。

后来到六五年的时候，我跟我师父，还有关师伯，关师伯又带着他结拜兄弟的一个男孩和一个女孩，我们三个那会儿都是20

多岁，我们都在故宫后门筒子河那儿。一到休息日，我们就一块儿到那儿去，在那儿关师伯把我的五行拳、十二形整理了。我发现了，关师伯打拳跟别人不一样，因为他是陈子江的徒弟嘛；许笑羽的徒弟——我师父他们师兄弟比较多，陈子江的徒弟就剩关师伯一个人了。我先跟我师父学了十年，六五年到六六年初，我关师伯又给我整理了将近一年。

教拳轶事

到六六年下半年，我在厂里，那会儿我老练功，他们也知道。那会儿刚参加工作，他们有摔跤的，有时候我带他们推推手。后来我们厂里有一个师傅，他说他儿子喜欢武术，问我能不能教。我说不能教。我那时候刚二十多点，22岁。没过多久"文革"开始了，后来他老追着我，我说："这么着吧，什么时候你儿子那胳膊肘能沾着地了，腿要直着、不能弯着啊，弯着沾地不算，沾着地我就开始教。"其实我就是不想教，没想到这孩子很快就又来了，他说："行啦！能沾着地了！"我一看，得啦，说话得算话嘛，开始教了。我从那时候开始教的，一直教他一个人。后来，我们同事又介绍了一个一米六的小孩，他叫小崽儿，小名儿。

我教他们的时候在官园，在那儿站桩特别逗，说一真事啊，说起来特别可笑的一个故事，虽然是故事，却是真实的。那会儿到 1970 年了，小崽儿一米六，跟我站桩。我那会儿教功以后我就站直立桩。三体式过去不是越低越好嘛，膝盖都快沾到地上才好呢，那会儿最多我能站到十分钟，那时大腿前面，阴面火烧火燎的，闹心，实在受不了再换一边儿。换几次，哎哟，太痛苦了，我说这个不行，我一下就改过来了。我往高一站，我一摸腿的后侧有劲了，因为站低了后面是软的，我发现这个不对，后来我就站直立桩。站直立桩啊，在官园站的时候就带一米六那个小个儿。这时候来了一个自称是形意拳高手的，自称的啊，不是我说的。他说："你站得不对。"我说："怎么不对呀？"他说："桩哪能这么站啊？"后来他自己说："我有十个徒弟，都练成了！"我说："怎么个成法？"他说，"我在屋里坐着"，过去那时候糊的窗户纸、没有玻璃，"我听见外头声音不对，我说谁谁你这是错的啊，你这不挨打就怪了。后来俩徒弟进屋了，说师父您成神仙了，您怎么知道的啊？"他说："我就告诉你，我一听就知道是谁。"他把自己说成神仙一样。后来他说："你站那儿，我打你一虎扑，你飞出一丈开外，你爬起来如梦方醒。"他的原话就是这样的。我说："你打我一虎扑吧！"他打我三个也没打动我。我说："这小孩刚十八岁，不大，一个小个儿，你打他。"他也打了三回，也没打动。我说："你看到没有，也没有爬起来如梦方醒啊。"我就开始和他开玩笑了。他说："你们站桩呢，不站桩的话准飞出去。"我说："你刚才还说我们站错了，要是站对了还了得啊？"后来他告诉我："我这一个劈拳下去，你胳膊半天抬不起来。"我说："那你劈吧！"我把左手给他了。他就跳着脚砸我这胳膊，砸了好几十下，砸得他自己直喘，因为他个子和我一边高，也是一米八的个，挺壮的，那时候我瘦啊，一百三十多斤。他那时候得一百六七十斤，挺壮实的一个老头，50多岁，花白头发。他砸了半天，我说："你看到没有，半天抬不起来，我也放不下了。"我"啪"地撂下来了。后来我就拿他开涮，我说："我跟你学学，行吗？"他说："你什么出身啊？"我说："地主兼资本家。"（大家笑）他说："哎哟，你成分不好啊。"我说："哎哟，这还看出身啊，比入党还难呢？得，我没希望了。"我就跟他开个玩笑就完了。

后来我心想，这人就是不知趣。你想想，他砸我好几十拳，我那手跟没事人一样，他还跟我在那儿吹。后来，姓田的那个，我先教的那个小孩，练了四年了，六六年练的嘛，七零年的事。我跟他一说，我当玩笑说的，他说："那个老兔崽子，你怎么不揍他啊？"我说："他那么大岁数了，我怎么揍他啊。"他说："我打他满官园跑，他见我就跑，我就追他，我就揍他。"我说："我不好意思。"你看见没有，这人啊，脸皮厚到这种程度啊。他还告诉我他家住哪里，"兵马司五号，姓吴"。我心想，你跟我学，我不一定教你，让我的学生，还不是徒弟，打得满世界跑，在我面前还吹。他跟我那姓田的学生也说："我打你一虎扑，你爬起来如梦方醒。"原话，一个字儿不带差的。你想想，这人脸皮厚到什么程度。这是第一次遇到一个练形意拳的，自称高手。

七二年的时候，我厂里有七八个年轻小伙子，跟我一块儿。

那时候没事嘛，下了班，早请示晚汇报完了，就赶紧往紫竹院跑，然后支起车来，就开始站三个小时桩。这一段时间，他们那会儿都没结婚呢，练着练着越练越少，到最后就剩一个，为什么？结婚一个走一个，家里人不让出来了，最后剩了一个又跟我两年，结婚了就剩我一人。后来又来了一个人，我就教一个人，又带了他八年，这是到八一年的时候。

八一年的时候，我师父家住在那个羊坊胡同，我去看我师父。有一个房管所修房的工人，他也是练拳的。后来他跟我聊天，他说："你住哪？我去你那儿待会儿行不行？"我说行。他自己说他长得特别凶，满脸胡子，除了鼻子尖、嘴唇上没有，全是胡子。他说："我到人家修房子，我看那小孩一眼，小孩吓得直哭。"他长得特别凶。后来我说："到我家去吧。"开始是这么认识的，以后是半年去一回，半年跟我比一回。他管他师父叫大哥，因为他们一个单位的，一个班的，都是房管所的。他说："我大哥要见你，行不行？"他跟他大哥学的嘛，实际上是他师父。我说："行，来吧。"那个修房的我觉得他功夫不成，因为他一打就飞嘛。他比我壮实多了，我一掌真给他打出七八米去，一打就飞起来。所以说他每半年找我一回，他回去就下功夫去，找我第三回，他说他师父要见我，我答应了。他师父第一次去我家，到我那儿跟我聊天，就说他自己怎么学的拳，说那会儿他是练通背的，通背拳他跟谁学的呢？跟傅茂坤学的，傅茂坤号称"花斑豹"，过去有这么一号，他是张策的徒弟。因为什么跟他学这个呢？他说，他妈那时候守寡，院里一个 30 多岁的小伙子欺负他妈，给他妈一个大嘴巴，他打不过人家呀，就忍气吞声了嘛。他那会儿刚 7 岁，他说"我下决心报仇"，天天磨着他妈要学功夫。没办法，后来送到傅茂坤那儿学通背。到六一年的时候，他说那会粮票不够，因为师父能吃，师父一顿饭能吃三斤，我的天！他说我供不起了。都是徒弟供养的，后来就不学了，就自己练。我说你练都练什么？他说打狗皮桩。狗皮桩是一个木桩子包上狗皮，拿手上去打去，他说人家打沙袋，我们把小石子装在袋子里，打那个。我看他拳头比我拳头大一号，拳头挺大个儿的，一看也特壮实，他从小练的嘛。他说："20 岁的时候我出去打去，谁都打不过我！"后来他找那个，咱们也不说名字啊，这人也没了，北京市特有名的，也是顶级的，名气最大的，找他比去。那人说什么也不动手，把所有徒弟都叫来了，一个一个，他说："全让我打败了。"最后那人说："你等着，下午你再来。"又找了一个，他一看，戴一眼镜，文质彬彬的。他说："我一引手、拳出一半的时候，人家一拳打我腮帮子上了。"过去做木匠活，做立柜，三开门，中间还没安玻璃，他说："一屁股坐里头，俩脚在外头，我也出不来了，人家伸手给我拉出来了，回家喝了一礼拜粥。从那以后，我开始学他们那个拳。"他那会找我的时候，40 多岁了。

他第二次找我的时候说："你这练形意拳的，你也不到外边打去，也不跟人推手，你是怎么练出来的？你能推手吗？"我说："能啊，推双手，还是推单手啊？"他说推单手。我说单手屋里推就行。后来说双手，双手外头推。他们管那个技击叫"断手"，他问："断手行吗？"我说："可以，我让你一大便宜。"我们院里门外头不是有个路灯嘛，我说："我迎着光，你顺着光，你看着我清楚，我看见你一个影就行。"结果三次出手，我的习惯就是不管你多远，到跟前一步三拳，当然不能使重手，啪、啪、啪三下，连着九下，这时候他就不打了。后来就带着一大群徒弟，有八九个吧，都送我那儿去了。我说："这不行，我没工夫。"因为那会儿上班已经到宋家庄了，晚上回来也晚，也挺累。后来我就留了一个，当时没留。这个学生现在还练呢，有时候还找我，练了30多年了，八一年开始，今年也是34年了。我们俩比完了以后吧，这学生就自己上我家去。每周都到我家坐到十一点，我也不说拳，最后追了我有一年，我也没答应他。结果他师父就说了："大哥，您给我个面子，他特喜欢您的东西。"我说："那行，来吧。"我就留下他了。我有一个侄子，也不能算我心眼小，因为我那表哥是一个小军官，他挺傲气的，我们家也挺穷的，他看不起我。他那会儿当个师长，也算可以啊，挣钱也不少，也算高干了。他每次去我家，我都躲着他，我跟他没说过话，他的儿子跟我留下的这个学生是同班同学，他们俩插队在一块儿，分配工作也在一块儿，结果我留下他，没留我那侄子，我那侄子又去学了20年别的拳，最后一看，我说："得了，我岁数也大了，我不跟他计较了，你让他来吧。"其实年轻时我心量不够大，分别心比较大。我那时知道，我教完了他，他准回去教我侄子去，但是二手就跟一手还是不一样，他教我侄子反正没什么长进。后来我这表侄上我这，我从头教的。他自己说嘛，他所有师兄弟都推不过他，而且他们讲，四十不做拳，五十不推手，他们练得比较猛，一开始能打。他们收徒弟怎么收啊？先对打，打得鼻青脸肿的，最后淘汰一批，剩下的、不怕死的就收徒弟了。跟咱们这不一样，咱们这里是只要你好好练，三年下来就有资格。

八十年代的时候，我那会儿还住在平房院子里，有一个沧州的小伙子，他是练燕青翻子的。一开始，他们带着去，说是想跟我学学，我也不知道，去了三个人，其中有一个带他去的人，第二天跟我说："这个小伙子在北京打了几个练武术的，都输给他了，他说北京没有高人，我把他带你这儿，让他知道知道什么叫高人。"我说："行了，我知道怎么回事了。"星期一那天晚上他去了。我说："你练什么的？"他说："燕青翻子。"我说："你打一趟我看看。"他打得挺热闹，连跺脚带什么的，就是挺凶的。我问："你这能用吗？"他说："能用啊。"我说："你打我一拳。"你看，我没说你左手打我还是右手打我，管他哪只手打我呢，我要说你左手打我，人家说你这是做局，说知道怎么打你。他突然左手给我一拳，正好我一侧身，我拿肘剪住他出拳的胳膊，我拿丹田这么一带，我这右脚往后倒了半圈，我带他转了一圈，就在原地，啪，还是把他掉地上了。我说："你这不好使啊，我再打你一下吧。"我就左手攥着他手腕子，在他肩上拍了一下，啪的一拍，他整个飞起来，带出我好几米去，我说："我要是撒手，你就飞出去远远的了。"

他说："你这么大劲呀，你这力气太大了！""我在我们沧州那儿，是跟我舅舅学的，我舅舅有八个徒弟，我是最棒的。我舅舅在当地也是最棒的，方圆几十里没对手。您要是到我们那儿去，几百里也找不到对手。您练得这个劲都神了，要学到您这样得多长时间？"我说："你呀，苦下功夫十年下来，未准能达到我今天的水平。"他说："那我学不了。"为什么呢，他说："我家在沧州，我姥爷在北京，我做临时工，我还得回去。"我说那没办法了。就这样，见了他第二面。按他说的，他也是高手了，燕青翻子的高手。

九四年，有一个人，咱不说是谁，把我约去了，还有他的堂兄把他那个师兄约去了，号称打遍北京没敌手，就是没输过，说跟谁交手就一下，不用第二下。我去了以后啊，他那师弟就开始吹，打什么八卦掌、太极拳的、大成拳的，一下儿就一跟头，后来说一个练形意的，一掌把胳膊给劈折了。他那师兄在那儿听着挺受用，师弟给他说神了，他听着挺高兴。要一般搁我，我得说"你别这么说啊"，说打遍北京没敌手。我就不敢让徒弟这么说，你别当着我面说，你当着我面说，我要是不拦着，我就等于默认了，这东西咱们也得谦虚一点儿嘛，不能那么说。后来我说："你站起来，刚才你说你的拳掌厉害，人最怕打软肋，我把手抬起来，你在我软肋这儿，你用拳随便打。"他打了几十拳，打不动。我说："你使肘。"他打了十三肘打得直喘。我说："你拳掌都不行，你肘也不行。"他说："你这打不动，宁挨十拳不挨一肘，打不动。"我说："你站好了，刚才不是你说形意拳让你把胳膊劈折了吗？咱俩这样：我也出手，你也出手。"后来我一上步，一近身，把手往这儿一放，他扭头儿就给我一后背，贴墙上去了。他说："不行，我不能跟你打！"我说："为什么？"他说："你打我就跟我打那 5 岁的孩子一样！"这是原话，咱不是在贬他，因为什么？他说得太大。据说现在这个人还挺有名的呢。

2004 年我在厚朴中医学堂教课的时候，有一个韩国的，46 岁，这人姓朴，自称韩国一流高手，他自称的，不是我说的。到我家去，是一个女孩子给他翻译，一开始那翻译说他瞧不起中国人。也是，他往我那一坐，就看着房顶，我那屋里有好几个人，员会也在场，他就看着房顶，谁也不理。我说："一会儿他就不狂了。"他说他练跆拳道，又学了 20 年中国功夫，他瞧不起中国人。我说："你站起来。"翻译跟他说站起来。我跟他说："你这个功夫好，你推我吧。"我就站那儿，就这么站着，他玩儿命地推，推一会儿一脑袋汗，夏天么，没推动我，我一步也没退，一点儿都不动，推了三回，推得他直出汗，他 46 岁，正当年，练了 20 年功夫。后来他跟我说："你推我。"那个翻译说让我推他，我就左手在他这儿拍了一下，"蹦"的一个跟头，连打三个跟头，就这一下，他连躲的可能都没有，三个跟头。正好边上有一个政法大学的学生，说："你不是练跆拳道吗？"这个轶事可以作为故事听，但这是真事，绝对真实，我这一点儿虚话都没有，咱们不能瞎说。他说你不是会跆拳道吗？后来他一侧身，他刚要起脚，我拿右手在肩上横了一掌，他又一个跟头，又让我打他仨跟头，他根本抬不起脚来。

我说："你这个不行。"后来他服气了，当时就服气了，他说："跟你学怎么收费？"我说一小时四百，半价，我诚心吓唬他。他说："太贵了，外头学都是一百。"我说："那你外头学去，到我这半价是四百。"后来他说实话了，他说："我两个儿子在什刹海体校学武术，一年17万，负担太重了，你能不能再优惠点儿。"我说减一半。他学了十天，特别毕恭毕敬地跟我学，他学了第二式，第二式学完以后，他说从来没听说过有这么炼气的方法，给他高兴坏了。

这个韩国人，他自己说是一流高手，在我这就不入流，根本就提不起来。一掌就一跟头，根本就不用用劲。他在韩国号称一流高手。电视里演过一个练八极的，把韩国的一个九段打倒了，我说这个太容易了、太简单了。跆拳道抬起一条腿来，自然就要倒，两条腿你都站不住，何况一条腿啊？所以这些东西啊，你要是听那些名气大的吧，觉得挺吓人的。

我在厚朴中医学堂，刚到龙头（地名）去教课的时候，那个徐大夫的妹妹，领了一个叫铃木的日本人，号称是柔道高手，带他找我，想跟我比比。那你想想，我还怕你？他40来岁，柔道高手，你在我这，真是小菜，绝对是小菜。我这句话一说出去，柔道高手该找我比了，那也没关系。他力气很大，使劲一拉我，我一上步，他"噔"的一跟头；他又拉我，一共摔了仨跟头，躺了三回。你看见没有？他认为自己是高手，最后他说"这地方太小了"，输的实际上是输在地方小，他这个就是不讲理了，那我也在这地方，我也没在大地方待着，是吧？所以说，那些东西不用去学，我希望你们如果有亲戚朋友，不要学这些东西，包括跆拳道，也别学去。虽然全世界有三千多万人在学跆拳道，而且外国人把它作为一种体育的主修课，美国也有，加拿大也有，他们都作为必修课。

所以说，什么东西是最好的？还是咱们中国的东西最好。他就是从中国学点皮毛走了，自己叫跆拳道、空手道、柔道，是吧？咱们中国反而跟人家学去了，跑日本学茶道，学柔道，跑韩国去学跆拳道，你为什么不学老祖宗的东西啊？所以很可悲。

出神入化的形意拳

大家都看过《逝去的武林》，形意拳鼎盛时期现在一去不复返了，挺悲哀的。形意拳曾经在历史上辉煌的时期，可以说战无不胜。解放后演变得成什么了，咱也不好说了；可能民间还有高手，咱也没见过。目前这些市面上能登上大雅之堂的形意拳都不叫形意拳了。甚至有些高端人士，教徒弟打树去了。内家功夫没有这些东西。

现在的形意拳，已经不是形意拳了。我看过一回，电视台演的一个比武节目，形意对形意，八卦对八卦，太极对太极。里面有一个练形意拳的，40多岁，练了好几十年了；还有山东大学的一个20岁的年轻人，他们上去就比武。一上台，这山东小伙子飞起一脚就把这 40 多岁的踢一大跟头。形意拳，没有飞脚这一说，自古就没有，他飞脚就不是形意拳。然后他爬起来，又一脚，又一大跟头，连着踢三个跟头，一分多钟，下台了。后来那个主持人说："某某某（这个被打败的），自己练拳的时候，虎虎生威，一上台就发挥不出来。"虎虎生威，那是自己跟自己过不去，咬牙瞪眼，努气使力，较着劲，所以他不可能去打人。形意拳，每次讲我都讲到这句诗，这非常重要，很简单：**"道本自然一气游，空空洞洞最难求，得来万法归一式，身形应当似水流。"**你看，空空洞洞最难求，虎虎生威哪叫空空洞洞？肌肉都绷起来，咬牙瞪眼，努气使力，那不叫空空洞洞，身形也不能像水一样。你想想，"咔咔"使劲打，瞪着眼，往前一拳一拳的，使足了、卯足了劲，他们讲"面前无人似有人"，好像有人，那么玩命打他，你打谁呢？打自己。上回我也讲了，十年太极不出门，三年形意打死人。在《逝去的武林》中李仲轩说，"现在三年形意打死人，是打死了自己"，说得非常好，为什么？努气使力啊，拼命地打，使劲地打，你自己不受伤害才怪呢。有很多拳种，比如近代有一种拳法，现在挺牛的拳，他们中大部分人，不是癌症就是心脏病，也是这样练，暴力，练得非常暴力，恶狠狠，那心念就是极恶。形意拳有这么一说"顶、圆、毒、扣、抱、垂、曲、挺"，我不讲这些，我练的没有这个"毒"，毒是什么？它讲三毒：心要毒，眼要毒，手要毒。它就把这毒发展了，恶狠狠那就是毒啊，这意思就是要一拳把你打死，这恶念啊，永远在你心里放着呢，你自己受伤害，"面前无人似有人"，没有人的时候，空打的时候，你拼命地使劲儿，那就是最后把自己打死了，所以很多练形意拳的，到最后不但不能打人，而且把自己打伤。

我把过去的事再回忆回忆，目的是给大家树立一个信心，证明形意拳还能用。逝去的武林虽然很悲哀，但是你们应该好好努力，用心练下去，武林还是有希望的。咱们不能说形意拳只能表演，技击是一个重要的部分，因为形意拳主要是实战，可以说没有什么观赏性。失去技击的作用，那你就没有必要练形意拳了。形意拳以后要发展起来，还得靠大家。我现在有不少弟子，**形意拳的传承要靠你们，靠我一个人的力量是不够的，大家都要去努力**。你们各自掌握一部分，凑在一起就是一个整体，一个完整的形意拳。每个人的自身条件不一样，练完以后，各自掌握得也不一样，希望大家发挥自己的特长。

我教了 49 年，找我比的不计其数。他们都认为形意拳就像《逝去的武林》说的，已经没有用了。有一个找我比武的人，咱也不说名字了，因为他师父跟我师父有很近的关系，据他说他跟北京市顶尖的高手打平手。当时，我一个徒弟在官园跟我练功的时候，打了我一个虎扑，自己弹回去了。他说："假的，一看就是假的。"他把我那徒弟扒拉一边，他出手，出手两次让我扔出去两次。他那意思是他也能把我扔出去，但我出手两次都把他扔出去了，简直没有反抗能力。听他说，他也是北京顶尖高手。我不是说狂话，说明根子还在形意拳，咱们形意拳还是非常有用的，非常有实战意义的。这就是所谓的跟顶尖高手打平手那个人。

我记得在七十年代初的时候，我们院的后头有个学校。学校有个老师，咱不知道是真的假的，他自称是他那个拳种里练得最棒的，这个师父姓张，他教两个徒弟也姓张，别人给他们起了个外号，前缀词不太好听，我就把前缀词给省略了，就叫三张吧：大张、二张、三张。大张的两个徒弟，其中一个徒弟二张的外号叫老臭。老臭身高跟我一样，一米八，体重起码得比我重三四十斤，又高又壮。他可能比我小两岁。老臭小眼睛、尖鼻子，一脑袋花白头发。三张领着他上我院里去了，说让他给我表演一趟拳。我在那看着，也不说话，看他一个人打。我那院子里挖了防空洞，底下是空的。他跺脚特玩命，跺得咚咚响。我说好家伙，这小子挺有劲的。跺了半天，打了半天，完了以后，三张问我："世琦，你看他功夫怎么样？"我说："这叫笨汉练笨拳。"结果，老臭眨了眨小眼睛，没敢言语，那三张也没说话，两人走了。第二天，三张跑我这儿来了。被他师父给骂翻了，骂了个狗血喷头。他师父说"你看他那么瘦"，我那会儿，说句实在话，吃不饱，30斤粮票定量，连半饱都吃不饱，体重只有一百三十六斤，他得有一百六七十斤。"他那么瘦，你打他跟玩似的，你的功夫这么棒"。他认为他那徒弟功夫都特别棒，打我跟玩似的。把三张骂急了，跑我那儿去了，把原话跟我一说。我说："行，今晚我找他去。"晚上我一敲门，他挺客气，给我开门让进屋里去了。开始跟我吹，说把三中的一个学生一拳打了一人多高，落地上去了；说有六七个人要跟他打架，他一看旁边有一墙，他拿胳膊肘给墙一肘，把墙捅了一个窟窿，这六七个小伙子吓跑了，没敢跟他打。说到这儿，我就说了："老臭，咱们上操场，今天打你五个跟头不重样！"

我在家里已经设计好了。一到操场，地面挺平的，也刚下过雨，地也不算太硬。我左手一探他，他一架我，我右手在他额头抹了一下，一抹打一个四脚朝天，扔地上了。我说："一个了啊。"他爬起来了。第二个，我一偏身，我从右边上去，左手抓他脖子往下一带，一下趴地上去了。后背一个，前胸一个。他那么老沉，趴地下挺响，我觉得挺过瘾的。第三个呢，咱们那劈拳用得特别顺手，是吧？我就这么一下，一般人都得翻，要不就飞出去，要不就砸地下。我左手一下，他倒那边去了，右手一下，倒这边去了，完了，一左一右，我说："四个了啊。"还剩一个怎么办？我两只手往他脸上慢慢一探，他两手往起一架，正好让我一搭，带上劲往下一沉，一下跪地上去了。我说："起来吧。"他那个大张不吹了。后来，大张从"五七"干校回来，跑我单位去了。他说："世琦，跟你商量点事儿。"我说："什么事啊？"他说："我把我那子龙枪教给你，你把你那拳教给我，咱俩做个交换。"我说："我不学，出门提溜个大棍子，也不好看，用不着。"他说："那你教我行不行？"我说："没工夫。"后来又去第二趟。他认为我的功夫是练拳练的，不知道这个内家功必须站桩，他以为我教他拳就行了，其实教他拳，五行、十二形都学了也没有用。

为什么这么说呢？咱们在座的都跟我学站桩，一进门先学三年桩吧？没有桩功都是白说，而且桩功还有对、有错呢。有的人站错了，站出毛病来了，那也没办法。错和对，就在你的师父是不是明白。有些名师他未准明白，他名气大，更容易骗人。像我好在什么地方？没名。认识我的人很少，找我也很难，这就是说有缘的人能找到我。咱们也不用求缘，在座的有些人是什么都没学过，到我这儿他感觉能接受。

还有就是在九八年的时候。我在针灸骨伤学院教了两期。那会儿我是骑车去教拳，挺老远的，每天都去。有一次，因为刮了三天大风，我三天没去。第四天，我去了，有个学生跟我说："有个人在那儿憋你三天了。"我说："憋我干嘛呀？"他说："要跟你比比。"我说："他干什么的？""某个省的散打冠军。"要能当上省冠军，也不是随随便便当的，他也得打，打了多少场才当上的。我说："行。"我给学生们安排好了以后，我说："你过来吧。"他憋了我三天想跟我比，以为我一个老头，他打我不跟玩似的。他跟我比完以后，我说："你别学了，你那东西不能用。你抬脚啊？你出手啊？你也不出手，你也不抬脚，你跟我比什么呀？"他出不来手，也抬不起脚来。咱们这东西，不是说咱们不让他抬，我让你随便出，你先出手，我先到；你脚没抬起来，你就翻了。

还有一回，小叶领了两个练空手道的，都是黑带三段，顶级的。他们俩都是法国人，不是中国人，他们说他们现在练到这个层次，不可能再提高了。他说是黑带三段，因为我一听黑带，我想黑带可能是最低层次的吧。黑带三段，实际上最高段是九段，反正我也不知道。不知道我就不害怕，无知者无畏，我也没感觉他怎么可怕。有一个是在奥运会投资的，是徒弟。另一个是私人教练。私人教练手把手教的他。徒弟能在奥运会投资，应该也是个亿万富翁吧，一般人投不起，你让我投一分也投不了。比完了以后，那个徒弟说："我得在奥运会投资，我离不开。"那意思是没工夫跟我学。那个老师，就是那个私人教练，说："明天我就回法国了。"当天试手是怎么个情况呢？动手的时候，一开始他们一个一个地上。后来我一看，我说："你们俩一块儿上吧。"结果我左手往外一穿，把那个师父给扔厕所里去了，右肘一横给那个徒弟扔墙上去了，两个人同时出去了。托马斯跟我说："马老师请他上厕所。"他从厕所溜达出来了。两个人跟托马斯说："我们两个在马老师手里像两个孩子。"

为什么这么说呢？他们是马步蹲得特别低，我见过他们练那个极真派的空手道，蹲的马步很低，在海边一边打拳一边"哈、哈、哈"地叫。你想想，气在上面浮着，你还能跟我动手吗？你蹲得低，你脚底下就没有根。所以腿蹲得越低，这人腿越没劲。我原来说过吧，所以谁明白这个？你们都明白。你蹲下去前面练僵了，后面练软了嘛。原来我一直在这么讲吧，咱们是有根据、有出处的。我教站桩时突然发现要站直立桩，你自己也要明白为什么站高了才能练出四面劲来。

后来证实我是正确的，为什么这么说呢？在八六年的时候，原来我们厂有一个出家的师父，她是个尼师。文化大革命时把庙拆了，把她轰到我们厂里当会计。这个人特别耿直，她是出家人，没还俗么。有人想提前一天报销，她坚决不干。后来，大伙都恨她，唯独我挺尊重她的。我老觉得，不是一般人都能出家的。后来厂里分她一间房，修房顶啊、盖厨房，每次我都去帮忙，每次都帮她干。后来她得了哮喘，一到夏天就喘得厉害。我跟她住得近，一看她不好，有街坊就告诉我去帮忙，我从厂里借个三轮车，把她送到人民医院抢救。每年夏天都这样。后来七六年"文革"结束，她已经退休了。七八年她回来了，从五台山给我拿了一个手抄本《内功经》。我一看有神运经、纳卦经、地龙经、飞腾经。那个神运经就是咱们现在屋里挂的内功经，哎，我一看啊，我那会儿练得跟这个一点不矛盾。那会儿我就已经悟透了。

我从 22 岁教拳就开始教直立站桩，再也不站屈膝桩了。上次讲的那个脸皮厚的练形意拳的，一看见我："你站得不对！"只要我站桩，没有人说我是对的，因为我站得高，他们认为只有蹲下去才叫功夫。现在证实了，因为这么多年经历了这么多找我比拳的，包括那些号称是"顶尖高手"，他们的腿都没有劲、都没有根。送我《内功经》的这个出家师父，还挺怪的，回到寺庙以后哮喘好了，原来每年都犯，一犯就憋得要死要活的。我送她到人民医院那时候，我得看她一宿啊，我从白塔寺到西四来回打五行拳，打到天亮，对我也有好处。打到天亮，抢救过来了，蹬着三轮再给她送家去，就这么多年一直这么过来的。要说这人的缘分也是，有回她说："小马，我给你介绍一个有名的法师，他叫巨赞，是巨赞大师。"我也挺高兴的，我说："太好了，什么时候你

仁谛师父 1978 年赠送手抄本《内功经》

带我见见去吧。"可是没多久，她跟我说："小马，别去了。"我说："怎么了？"她说："巨赞法师被人毒死了。"巨赞法师那会在佛教界算顶级人物了，没有缘嘛，所以这缘也是到头了，再也没见着。

后来，《内功四经》她看完了，说对她没有用，她给我了。我一看，《地龙经》也不能练，《飞腾经》也没有用，他讲的纳卦跟我的还有点相似，因为我一开始跟你们讲"头顶为乾，足底为坤"，这也属于纳卦；"离中虚，坎中满"，这咱们都讲过。咱们的桩法，我悟透的时候，拿这个印证，证明我是对的，因为自打我站直立桩，按我的功法练习以来，就没有人能跟我对抗过，这绝对不是吹牛。所以说"逝去的武林"靠你们给它找回来。过去可能由于特殊时期，技击这块儿不被支持，因为为了社会安定，你们都厉害了，把社

和英国学生史蒂夫推手

会搞乱了。其实不然，过去说，"有德者必有所得，无德者不教"，你看，真正无德者还学不下去。上次小史跟我说的，他看书看的，说："小成靠勤，中成靠智，大成靠德。"确实是这么回事儿，**到最后阶段修德是最重要的，要是没有德的人，再练也不可能高明到哪儿去。**

下篇　实修

站桩要顶天立地，要上接天根，下接地轴。你站桩，你就是桩，所以要合于道，合于自然。

第五章
无为而无不为

  这次我把这个功法细细地讲,一步一步地说,然后再把图片都对应好了。一式一式的,这是你们要做的工作,把"八式"的桩法呈现出来。我那有小叶请的特级摄影师给我照的八个相片,我都有,还留着呢,底板还有呢。那人已经没了,挺可惜的,50岁就死掉了。他就是吃得太好了,代谢不掉。小叶(曾任美食编辑)他说嘛,他们那儿吃死一个,吃病了好几个,他因为站桩所以没事。我说你还得坚持站。确实是,代谢不了就是毒啊。他说他吃鲍鱼,一斤一头的那个,挺大个的,松露什么的,全世界最美好的食物他都吃过,代谢不了就是毒。"珍馐美馔成为腐肠之药",这是过去古人说的,所以咱们练这个功,代谢功能好,周身都通,没有阻碍;**你的气机顺畅,你的"元精、元气、元神"通过站桩不断得到补充,你的消化能力、抵御外邪的能力都比别人强。**

桩即是道

坚强者死之徒，柔弱者生之徒

咱们再从根上讲功法，还引用老子的一段话："人之生也柔弱，其死也坚强，草木之生也柔脆，其死也枯槁，故坚强者死之徒，柔弱者生之徒。是以兵强则不胜，木强则共，强大处下，柔弱处上。"你看练功啊，咬牙瞪眼，努气使力，那是坚强者，死之徒，有很多练得特硬特硬的。我原来说过，柔胜刚，弱胜强，他那是僵胜软，现在僵劲能胜软劲的，你软我僵。僵是什么？肌肉发达叫僵，不叫刚；站桩站低了，也叫僵，不叫刚。把前面那条肌肉练得纤维化了，后面是软的。像一张弓一样，你腿的前边是弓背，后边是弓弦；你把弓背弯到直角，甚至是锐角，那你这弓弦就松弛啦，一点劲都没有了。从人体的力学来讲，也是绝对错误的。所以说现在所有的人教你练功，只要看见你站高桩的时候，他们就说"你这个不对"，都说你不对。但是，你一定要坚持。为什么呢？不对的人都说你这正确的不对，那你不要听他们的，因为他们都打不过你。我就敢说，你要是蹲低了就是练挨打的，你站高了就是练打人的。当然咱们不能说提倡打人啊，但是中国功夫有很大一部分要有实战意义。你练完了去挨打那有什么意义？还不如不练呢，还不如翻跟头、劈叉，那还能卖票呢。

刚才说柔弱者生之徒，你看那个练硬功的，练健美的，他只

"健"，他肌发达，没有肉，有肌无肉，所以他们是又怕冷又怕热。咱们说"肌肉若一"，放松下来，肉本身就是松弛的，脂肪层么，肌是纤维，练僵了以后松不下来，所以让你松下来以后才能达到肌肉若一，这就是柔弱者。婴儿出生的时候最柔弱，但是抵抗力最强的时期。过去说，小孩儿生下来吃初乳能增强抵抗力，其实本身小孩儿是柔弱者，他抵抗外邪的能力还很强，不大容易有病。到老了以后是坚强者，到了一定岁数，64 岁以后，那一般都属于坚强者啦，骨头也酥了，筋也软了。坚强者，死之徒嘛，离死差不多了。尤其是练功的人，练得又僵又硬的时候，那就离死差不多了，这都是坚强者。当代有不少练硬功、练外家的人，你没练过功的打不过他；他劲儿大，力气大，都死得特早，咱也不用说名字，大家都知道。

你站桩，你是桩

讲到"木强则共"，一个小树从小树苗长成一棵大树，这种树应该是又高又大又直，上边柔弱，刮大风，树梢怎么也不折，树干也不断，树根也不拔。这就是柔弱处上，强大处下，就是木强则共的道理。咱们练功的时候，要求你站桩，我到处讲课的时候一再强调，什么是桩啊？有人一听说学站桩，觉得特恐怖，有的说："哎哟，站桩太可怕了，那膝盖也疼，又累。"我说："那是桩吗？你怎么站？"他说蹲下去，马步。我说马步不是桩。这话只有我敢说，别人谁也不说这话，因为他们都认为马步是桩。我说马步怎么就成了桩了呢？桩是直的，还是弯的啊？生活小常识么，你上工地看看去，哪个桩是弯的呀？打桩打弯的能打进去吗？咱们举个例子，钉子，有个弯儿你钉得下去吗？我说站桩，你是桩，桩是直的，你弯下去就不是桩。现在全世界可能就我一个人这么说，以后你们也这么说，为什么？把这个正确的东西发扬下去，让更多的人知道。为什么这次我讲功法？过去那些老的东西，什么拳经拳谱，什么"顶圆毒扣抱垂曲挺"，又什么"斩截裹挎挑顶云领"，我一概不讲。翻书去吧，哪本书都有，形意拳的书多了去了，都可以找到。我说这些干什么呀？我解这些干什么？我就把我的功法告诉你们。

你站桩，你是桩。有些人认为站桩怎么站？站在桩上。上次有一期学员报班的时候，上那个淘宝网上搜"站桩专用桩"。我说站桩你是桩，你用什么专用桩啊？他们认为在地上钉俩桩子，在上面站着，那叫站桩。那叫"站在桩上"，你简化它叫站桩，不是那么回事。现在说明白了，桩是直的，弯下去就是错的。

为什么这么说呢？这是我自己这么多年悟出来的。我22岁开始教拳，就开始这么教，到36岁的时候，我得到《内功四经》以后，印证了一下，证明我教的完全是正确的。头顶为乾，足底为坤，"提挈天地"，头顶、足底，你自身的天地；"把握阴阳"，你背为阳，腹为阴。阴阳是两仪，无极生太极，太极生两仪，两仪就是阴阳。两仪生四象，什么是四象？太阳、少阳、太阴、少阴。你腿是不是四面？如果你蹲下去，你后面腿一弯，太阳闭藏了，它就不通了。你想想你还能练出功夫来？累死也练不出来！所以要合于道，合于自然。四象生八卦。今天上午他们有的来学了三个多月了，开始说腿上、脚上的劲儿了。一开始先让你放松。

"道"的姿势

我讲这个都是至关重要的啊，这一讲讲的是什么功法是正确的，什么是错误的，大家一定要印到心里头去，给别人讲也这么讲。

腿是四象，四象生八卦。臀两侧肌肉往里一抱，搭鹊桥，"下"鹊桥接通了，任督脉接通了；舌舔着上牙根，搭"上"鹊桥，任督脉从上边接通了。

臀抱呢肌肉往里一收，你的内虎眼，膝盖里面叫内虎眼，有一种轻轻往外翻的"感觉"，不是很用力。这时候你脚底下内侧有点虚，外侧有点实。有一点儿就够，不要过，咱们一再强调守中，别过。过了以后呢，膝盖多少横向有点受力。重心移到后面，前脚掌虚，涌泉空起来，大脚趾能落地，把涌泉空起来就行了。

三部丹田都要在这条轴线上，下丹田的位置，在你身体里是前七后三，所以你这力放在后脚跟上也是后七前三，后脚跟受七成力，它是阳面么，后面是阳面，所以承担主要的分量。

你内虎眼稍微一翻，脚外侧实了。你看过那个太极图没有？里边那阴阳鱼，你看它从脚外侧开始，逐步往后变化，到最后脚

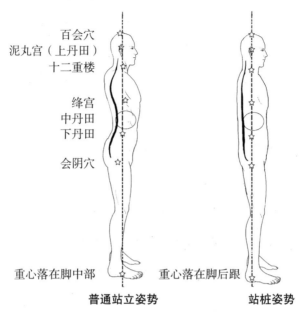

站桩守中原理示意图

百会穴
泥丸宫（上丹田）
十二重楼

绛宫
中丹田
下丹田

会阴穴

重心落在脚中部　　　重心落在脚后跟

普通站立姿势　　　　**站桩姿势**

站桩时，各主要修炼位置均在一条直线上，该直线
完全垂直于地面，并同时穿过人体的中心与重心

后跟是实的，左脚右脚都一样，所以一个先天一个后天，这个合
于八卦，对不对？你看这个图像是不是像阴阳鱼一样，在脚底下，

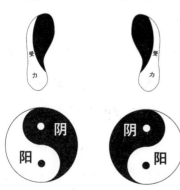

站桩时足底重心分布示意图

你闭着眼睛想想，是不是这个道
理？所以两仪四象八卦，你都具备
了，这就是道！咱们修学的，练内
家功就是道，合于道就是自然。

顶天立地，背为阳，咱们要做
到离中虚，坎中满。取坎填离么，
你两个肩往里抱一抱，肘往里抱一

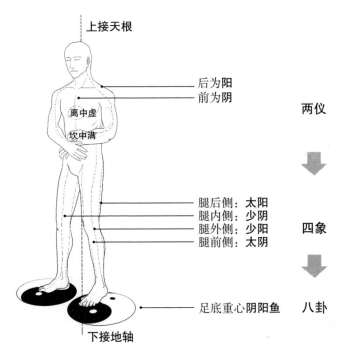

"道"的姿势

上接天根

后为阳
前为阴

两仪

离中虚
坎中满

腿后侧：太阳
腿内侧：少阴
腿外侧：少阳
腿前侧：太阴

四象

足底重心阴阳鱼　八卦

下接地轴

抱，把阳面打开，你胸闭藏了，也是老子说的"虚其心，实其腹"，这就是取坎填离么。这时候，你呼吸就像鼓橐风一样，就跟橐龠似的。

桩功八式，除了两臂的姿势和内气运行线路的区别，基本身形完全相同，可以通过以下口诀辅助记忆：

养生内功口诀：

头正而起

肩平而顺

胸藏而闭

背平而正

裆深而藏

膝曲而伸

足坚而稳

下收谷道

上提玉楼

前任后督，气行滚滚

上松下紧，前松后紧

松而不懈，紧而不僵

口诀解读：

头正而起：头部中正，耳朵与肩膀对齐，勿前俯后仰。两眼微闭，精神内守。

肩平而顺：两肩松开，两肘前抱，使肩部微向内扣，欲交于前方，此时背部横向拉平。

胸藏而闭：站桩时切忌挺胸。两肩稍内扣，胸部自然向内含，自能气降丹田。

背平而正：背平指背的竖向平正。要求背要如柱而不可背圆如球，如此可避免脊柱弯曲驼背。腰椎拔直后，背部要求平、正，脊椎直，尾骨不得左右偏斜，保证了尾闾的中正，也保证了脊椎的正直。

裆深而藏：欲坐而未坐，大腿根部折弯处向内微敛，可调直腰椎的生理弯曲。

膝曲而伸：膝关节似直非直，似曲非曲，大概如日常站立的角度即可。委中（膝盖后腘窝正中）大筋竭力要直，增强大腿后侧力量的同时，产生一个向上的挺力，曲中求直，这是力由足起的关键环节。

足坚而稳：两脚与肩同宽，脚尖向正前方，既不可内扣也不可外分，否则容易扭伤膝盖，要保持平、正。重心在脚跟，前脚掌抓地，身体重量的 70% 落在后脚跟，而让 30% 的重量落在前脚掌。足趾轻微抓地，足心涌泉含空，可使气血畅通，以利于"肩井"穴的劲力下达"涌泉"。

下收谷道：尾骨向前翻起，两臀相抱，将肛门微微上挤，达到收谷道的效果。不要像忍大便那样直接提肛，否则容易伤身。

上提玉楼：下颌内收，提起玉楼（耳后高骨），使"百会"上顶，额向前顶，脖项向后靠衣领，头顶有向上牵拔之感，与扣肩、合肘、沉肘，共同形成横竖相济的劲力。

前任后督，气行滚滚："搭下鹊桥"：即尾闾前翻，以使两肾向后靠的同时将腰椎拉直，两臀肌肉相抱以提谷道，将任督二脉下方接通。"搭上鹊桥"：舌上抵，将任督二脉上方接通。

上松下紧，前松后紧：下紧才能上松，后紧才能前松。

松而不懈，紧而不僵：紧而不要过力疲劳，松而不要懈怠走形。

桩功第一式，培补先天肾气

按照要求调整好头、身体和腿的姿势后，男子左手内侧"劳宫"按住腹部"气海"。右手内侧"劳宫"搭在左手"外劳宫"，两手都不要用力按，要求若即若离。女子相反，右手按住"气海"，左手搭在右手"外劳宫"。

顶天立地

刚才咱们讲两仪、四象、八卦都明白了吧？所以**站桩要顶天立地，要"上接天根，下接地轴"，你这根轴线一定要过地心。**摩天大楼也是，差一分它也站不住。咱们也是，要像一棵大树一样，要顶天立地。像咱们这个桩法，为什么它不痛苦？一开始枯燥，这是必然的。谁也不习惯，你手往这儿一放，就不如放在下边轻松。这也可以理解，谁这么站过呀？只有说你站够几个月下来，站够一年下来，你感觉平时站着也挺舒服的。所以你们这么站着，站惯了，站几年下来就觉得也非常舒服了。

站桩第一式，井打开，泉打开，水就通了嘛。肾主水，肾气旺了，自然你就健康了。咱们说五八肾气衰，你站桩后肾气就不衰了，所以你就筋强骨健了；你到80岁，你照样比同龄的人要好，要强得多。

刚才讲到，桩法是顶天立地。我给他们举个例子：你看那个

桩功第一式（正面） 桩功第一式（侧面）

盆景，好看吧？不长了。为什么不长了？窝几个弯，它就是不长
了。你这个站桩也是，你窝下去，你蹲下去，你的气血就是不顺畅。
你打着弯，它怎么能顺畅呢？人本身的自然状态，人的腰这个大弯，
督脉是通的。通得顺畅不顺畅是另一回事，有的人通得弱，所以
他有病，他身体不强壮。咱们在练功的时候，把它拉直了，督脉
一下就顺畅了，咱们这个通比较容易，这是我这么多年总结出来的。
这个腰调直了以后，命门也打开了。命门为相火，这胸部为离中
虚，君火降下来，心为君火，君主之官，你把神降到下丹田。第
一式站一段时间，一般站到半年或一百天以后，第二式就可以站了，
有些人不求功夫，你就站第一式也行，第一式是补先天的。

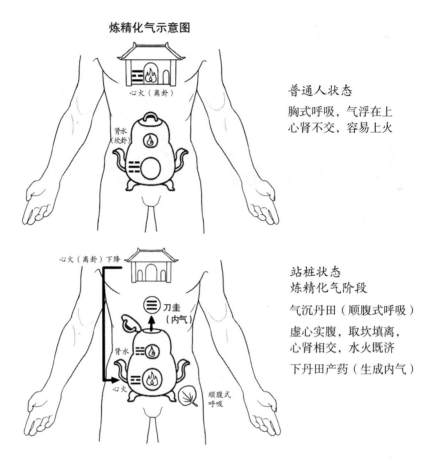

炼精化气示意图

普通人状态
胸式呼吸，气浮在上
心肾不交，容易上火

站桩状态
炼精化气阶段
气沉丹田（顺腹式呼吸）
虚心实腹，取坎填离，
心肾相交，水火既济
下丹田产药（生成内气）

调形正确后即可进入炼精化气阶段，不用刻意控制呼吸。守神程度越高，炼化效果越好。

正气内存，邪不可干

咱们第一式养生效果极好。足底按摩也讲，脚上每一个部位都对应一个脏腑，足后跟对应的是肾，咱们重心移到后头以后，这时候它压力增强了，就强化你的肾气。你前脚掌一虚，涌泉就打开了，泉是水，曲池往下一沉，肩井打开了，井和池都开了，水就旺，水旺就肾气足。上次讲人过40岁肾气衰，站桩能补。为什么说能补？骨质疏松，就是因为你肾气衰了。吃钙片没有用，还真是没有用，千万不要听广告宣传。现在天天做广告，每天都让你吃钙片，谁吃谁上当。美国那学生说，美国发明一种药，吃完那种药，你查骨密度合格了，但一碰就碎了，太脆了，检测密度不是真实的。如果说你的骨密度真正提升上去了，它就不脆了。脆是因为什么？还是钙质流失。他用他那个药可能是作为一种填充吧，那不是真实的骨密度增加了。

我上回举例子说，小朱他妈妈从76岁开始站桩，原来骨质疏松极厉害，后来摔一个跟头，腿摔肿了，骨头也没事。她现在80岁了，上午站两个小时，下午站一个小时。这是每天必保的。他们这些人都是有智慧的，感觉自己很快就改善了，他们就能坚持下去了。像在座的也是，有很多是听说的也好，朋友介绍的也好，自己在网上搜到的也好，跑这儿来。我去讲课，我说我现在是讲给一百人也好、两百人也好，十个人中有一个人能坚持，我就没白说，没白跑。

上回小贾去讲了一次课，原来二十多人；再去，十来个人；再去，两三个人了，估计再去就没人去了。为什么？能坚持的人不是很多。过去有一个作者写了一本书，《求医不如求己》，这句话说得很对。有些东西，你靠医生未准可靠，他也未准能把这病治了。今天上午咱这儿有一个学员，他过敏，多年的老毛病了。通过站桩就能解决这问题。有很多人打喷嚏，早上起来一打打一串，打好几十个。打完以后又流鼻涕又流眼泪，很痛苦。这是什么原因？很多是因为小时候太干净了。上回不是说了吗，太干净了也不对。你这是过了嘛，过犹不及。太干净，你就没有抵抗力。有好多过敏都是因为小时候太讲卫生。

所以说不要太紧张啊，咱们到哪儿去，你不要说"哎哟，传染病"，你不要放到心里去，怎么就能传染上你啊？咱也不是希望传染别人，谁都不传染才好呢。你自身的营卫气血都达到了最佳状态，你还有什么病啊？"正气内存，邪不可干"嘛。所以现在说正气不足是因为年龄的关系。过去说修道的人为什么"寿敝天地"？并不是说你能跟着日月一样长生，地球 40 亿年了吧，那 40 亿年前还没有人呢。这只是一种夸张，鼓励你，让你健康、长寿。能不能做到？能！你要是练对了，坚持了，就能做到，这其实并不困难。

一靠正气生

刚才讲了，第一式非常重要。将来你们教亲戚朋友、老人也好，先让他靠着站，把第一式呼吸能做到离中虚、坎中满，把气降下来，取坎填离，这就是说你能培补你的正气了，所以你的身体能慢慢恢复，像老人也能恢复。上回我说了，美国学生小朱他老妈心脏病都站好了。过去走路走不了，她现在 80 岁了，上台阶、上街买菜都没事。我为什么老举她为例子？她就是开始站的时候心脏特难受，一站心脏病就犯，在美国给我打电话，问我能不能站。我说："能站，你就让她站。"心脏病也站好了，再也没犯过。原来老犯，一站就犯。所以说有的人一站，就说这疼那疼，过去可能都有过伤，平常适应了以后，没有反应；站桩了以后，这疼了，那就又返回来了，它气在往那冲的时候，就有反应。

靠门站练内功方法：

找一扇门，按照桩功第一式的姿势靠门站立。没学过站桩的朋友可以参照以下方法：

双脚与肩同宽，后背靠门站立，脚后跟距离门半脚长距离，膝盖自然放松，微弯，不挺直。

收下颌，头向上顶。

舌抵上腭，闭眼。

男子右手放在左手上（女子左手放在右手上，如图所示），两手心与小腹气海穴位置重叠。

含胸拔背，两肩向前微扣。

最重要的是，后腰要完全靠在门上，从后背靠到屁股，没有任何缝隙，手掌插不进去则说明姿势合格。腹部完全放松，不要收腹。腰部靠到门上后，应该会感到非常放松舒适，呼吸顺畅。注意头部、肩膀不要靠在门上。

站桩时最重要的姿态就是直脊松腰，建议初学者都从靠门站开始入手，体会脊松腰直后腰部放松的感觉。

正确姿势

膝盖基本不弯，但也不要挺直

与墙（门）距离半脚左右

正确姿势

头部不必贴住墙（门）

腰部完全靠在墙（门）上，不留缝隙；
完全放松，不用一点力量

错误姿势

头部贴墙（门），必然造成头上仰

脚跟贴墙（门），必然造成臀后翘

错误姿势

腰部紧张，不能完全靠在墙（门）上，肌肉无法放松

练功勿自虐

我一再说，三个月之内，很枯燥。熬过三个月，你就不想放弃了。大家是不是有这种感觉？作为咱们来讲吧，这是你个人的智慧，你个人的福报。他们那些练错了的，都觉得只要是受虐、痛苦，就认为那叫功夫，其实不对。你练功练得要感觉是一种享受，而不是在受虐。这时候，第一，健康的目的达到了；第二，实战，你肯定是不求自得。有些人打沙袋，踢桩子，那个苦受大了，这儿骨头坏了，那儿筋折了，练这些东西的有很多这样的。他们只是在年轻的时候，二三十岁的时候还可以拼搏一阵。一过了四十，完蛋。打也打不了了，本身一身伤残。

我在同里讲课的时候，那儿有一个学员，某武校毕业的。他是练散打的，他在他们全年级打第三。他说第一名、第二名腰背和腿都有毛病，都练伤了。我说："你呢？"他说："我腰也伤了。"我说："你这样练它干什么呀？对不对？也没有用啊。你这散打，打谁啊？"我就跟他闹着玩，我一伸手，他就傻了，他根本就没反应。我说我一会儿就给你打烂了，你也没反应，你一下也打不着我。后来他就跟我老老实实站桩。我说你们一年学费多少钱？他说一年好几万。他说："我们那儿有一万多个学员，对面那个武校，两万多学员。"你想想，中国人多么可悲、多么悲哀啊！你看那个某大师等于是个商业炒作，他教拳、教功，实际上就是表演，什么铁板砸脑袋，木棍打腿打胳膊。咱说句实在话，我要找根木棍，他们绝对打不断。他们那个木棍一打，"嘣"，掉地下去了，那棍的前半截能掉地下，你想那是什么木头啊？一点纤维都没有，那是杨木。他们为什么不找榆木打呀？找榆木打就打死了。所以你看那表演别受骗，说："哎哟，我得练这个。"原来小叶跟我说，他去了一趟某武校看表演，他说惨不忍睹，跑了，连饭都没吃。他是被请去的，看的也是拿铁板砸脑袋。你想想铁板砸脑袋，我不拿铁板砸，我拿掌给你一下，你受得了受不了？那铁板是什么铁？是铸铁，含碳量是6%，脆得跟玻璃一样。你看我找个铁板你砸吧，砸弯了、砸烂了你也砸不开，所以那都是表演用的。

最好别把孩子送去学那些，以为那是真功夫。那也是真下功夫，那叫"真功夫"就是真下功夫，那就是豁出命去了。一般我的理解，就是这些孩子可能学习成绩不大好，砸就砸吧，反正也不聪明，砸完了还能表演，还能生活有出路，人家可能是这么想的。不过像这些人啊，家里都是比较有钱的，一般人学不起，一年几万的学费，没钱人谁能学得起？学咱们这功法，你们学会了就可以教家里人或者亲友。这种功法治病、健身，而且还有实战意义。**你们自己教的时候，家里亲戚朋友学的时候是零成本，不用花钱，就是花点时间去站。**我总结一下这么多年的经验，就是基本上三个月熬过来，就不会再放弃了，他就松下来了。

桩功第二式，补后天，长功夫

站法身体各部位的要求与第一式相同，区别在于本式以两手为掌，掌心向上，曲臂、沉肘、两手五指一一相对，两中指间的距离很小，但不要互相接触，两掌的高度应与"气海"平齐。两臂呈环抱式，以小指指尖外侧贴住腹部，两肘下沉，在沉的同时向前翻，离开两肋，意想两肘的"曲池"交于正前方一点。

第二式，虽然是补后天作用强，也一样在补先天，因为你的形不变，调形先调对了，你的重心还是保持与第一式一样，还是按照两仪、四象、八卦去站，这就是补先天的一种方法。然后你再开中丹田，中丹田开合升降。前面讲《道德经》时讲到："天地间其犹橐龠乎？虚而不屈，动而欲出。"开两肋的时候横着开，你这（胸）空下来，气才能从两肋这开合。如果你往上挺着胸，气下不来，到不了中丹田。中丹田非常重要，今天我一再强调，咱们一定要把中丹田练强了。为什么？**中丹田是咱们的发动机，下丹田是油箱，开合进退，用中丹田带着**。那个力也是，咱们出手这个速度，为什么快？腿动的时候力由足起，你腿有劲了，腿四面劲，当然你的胯就特灵活。咱们转胯不拧腰，腰为主宰，不要瞎拧去。你中丹田气满了以后，强化你的脾胃。脾胃是后天，脾胃要是强了，先天后天你都补足了，所以你吃什么都化了。像你们这样十年下来以后，别说吃凉西瓜，吃凉冰棍也没关系，什

桩功第二式（正面）　　　　桩功第二式（侧面）

么时候吃都没关系，你能代谢掉了。你现在别试啊，夏天别吃寒凉的东西，你别说"我现在吃看看行不行"，你吃坏了还得再调，等以后再说。咱们先把这先天、后天都补足了，补足了以后，你才能达到"寿敝天地"嘛。

见手不见人

骨病就站咱们这个桩，我觉得比他们任何桩都好。咱们首先补的是先天，肾主骨生髓，髓满不畏寒，所以咱们冬天好多人都不用穿棉衣。有很多人捂得挺厚还冷，为什么？骨髓是空的，所以他就特别怕冷。"若要不老，填精还脑"，咱们将来练到"三田返复"，上、中、下三个丹田，在这根轴线上，能升上去，能降下来，这为三田返复，这时候你还有什么病啊？他们形容是三花聚顶，三花聚顶怎么解释啊？元精、元气、元神，这为三花聚顶。你能聚起来，能提上来到泥丸宫，那你的记忆力比别人好，你的思维敏捷，那就是神明了，就不是靠反应了。我老说练到神明是最高的。好多人说，他反应快。反应快，那是知觉；你练到神明的时候，没反应。你先出手，我连想都不用想，我把手放你脸上，这叫见手不见人。所以说，你把内家功修到极致的时候，你就可以立于不败之地。

大道至简，勿弄玄虚

孙子说："故善战者，立于不败之地，而不失敌之败也。""不可胜在己，可胜在敌。"（《孙子兵法·军形篇》）什么意思？你把这个内功修好了，你就是立于不败之地，不可胜是你，可胜是敌，就这么简单。越简单越不容易被接受，大道至简。那天百岁老道长（张至顺，道号米晶子）去世了，他讲了一段话，我挺有感触的，他讲"其实大道是特别简单的"。你弄得越复杂，什么"白眉老子眉垂地，碧眼胡僧手托天"（语出自《内经图》），说了半天，你知道他在说什么？不就是舌舔上牙根、眼神往下垂吗？你说那么复杂干什么啊？又是"顶圆毒扣抱垂曲挺"，你说那么复杂很费解。我讲的只要你们能听明白了、看明白了，就能练。我可以问问大家，我说的能听明白了没有？能不能说我能理解？是不是完全能接受，能不能？（大家回答"能"）应该都没问题吧。所以说，你们能听明白了，我让见到我这东西的人也都能明白。

关于"微弯"

为什么这么说呢？有很多人看着我的视频也练好了。上期我去同里教功的时候，苏州有一个女生，她特意到同里去验证去了，她说："马老师，我看您的视频学的。"她说她有严重的产后漏尿，还有几个毛病，我也没记，我就知道最重的是产后漏尿，她站了半年，这些毛病全好了。她说就是膝盖有点疼，我说："你站我看看。"我看她腰背都没问题，我说："你腿弯了。"她说："您不是说腿微弯吗？"我说："我没说明白，腿微弯就是自然状态，那就叫微弯。"我再讲，我一定要把这个讲明白了。你看这一点都给人误导了，但是她病好了，就是膝盖有点疼，她的腿还是偏弯了。他们认为微弯还要弯一些，我这微弯就是自然状态，就是你平时走路有那么点弯，站着的时候也有一点弯。咱们手伸直了以后，伸出来手也是微弯，但它是自然弯。只要不往回崩，把它绷紧了，往后挺，挺住了，那叫僵直，你刨去僵直，那就是"微弯"，就是自然状态。这些在视频上讲的东西，也有很多人学会了，也有很多人没理解，我这次要细讲的话，刚才讲的这番话要讲明白了。你就是桩，就不能往下弯，我说不能往下弯，不是绝对的啊，自然弯还要保留，都要保持自然状态。咱们讲，阳面打开了以后，两个肩膀轻轻一抱，就等于说两个肘放平了就行，也别过了，过了也紧。咱们一直要练得自然。你说"我这个腿是紧的"，我说对啊，松而不懈，紧而不僵，该紧的地方要紧，但是不能僵；该松的要松，但是不要懈，懈了就跟那一滩泥似的，所以这个东西要掌握适度了。我反复地强调，你们都学明白了，你们将来收徒弟也好，教功也好，你们就有正确的方法，让别人接受正确的。

真柔似水，战无不胜

再讲到为什么说要练成柔，什么是真柔啊？水是真柔。老子原话有这么一段："天下之柔弱莫过于水，而攻坚强者莫之能胜。"他最后讲："故柔胜刚，弱胜强，天下莫不知，而莫能行。"谁都知道柔胜刚，弱胜强，谁都做不到，你们要做到。养生，大家都知道，有很多都是身体不好的，现在完全康复了，这都知道，这就不用再说了。技击这块儿，咱们出手的速度，虽然手出去了，咱们的速度是复合速度：从腿从脚上，到中丹田，到手上，这三个复合速度。而且力也是复合力，力由足起，气由脊发，力也是个组合的，不是单一的力。

有些人就是使胳膊，你看肌肉发达的人攥着拳攥得紧紧的。

我看过电视剧，那武打的，你听那配音啊，不是真的，一攥那拳头嘎嘎直响。完了，这准是挨打的，因为你自己跟自己较上劲了，肌肉全绷起来了。你打谁啊？你速度没有了，过去说"力大打力小""快打慢"，这都知道啊，你说你这个攥起来，把那拳头攥得紧紧的，肌肉全绷死了，你这就没有速度，而且力量都在你身上，都憋到自己身上，你发不出去。还有些人说练发力，在那儿自个儿哈哈地叫唤着发力，那都是傻人才发力呢。把气都散了，你哈了半天，你哈谁呢，这不是没有根据啊，咱们也见过。那人跟我抬杠，他是一个最有名的练八卦掌的再传人。小朱跟他说的时候，让他站桩，腿是自然状态。他说："你们这哪叫站桩啊，这叫站着。"他挺不以为然。后来他自己也知道了："马老师，看来您是对的。"因为什么？他站得低，所以他没有劲儿，动手绝无胜算，腿上一点儿劲儿都没有，练了好几十年了，34年的八卦掌，年轻的时候从小练咏春拳，按说咏春也是名拳嘛。这东西吧，你说哪儿叫站桩，叫站着。那我站着就比弯着好。咱们大家也都知道，就得站着。咱们说中国人站起来了，你干吗还要弯下去、蹲着啊？好不容易站起来了，你再弯下去，那不是找罪受吗？

重振形意拳

作为咱们来讲，把这个东西掌握了以后：第一，健康了。第二，还能把这个形意拳再振兴起来。还要能打。咱们不是提倡出去打架，谁也别打架去啊。咱不是打架，但是说你能够实用，有实用价值，你才能说创形意拳的咱们这个祖师爷，没有白下功夫，没有白说。原来我也讲，到哪儿讲课我都说："你们这么多人听，十个人有一个人能坚持的，我就没有白讲。"往往一般的听完了以后，一次、两次就不再坚持了。这挺可惜的，因为正确的方法很难遇到。

我为什么要这么一再讲，这么多年我立于不败之地，到现在也没有人能跟我还过手。我要讲这个，不是说狂妄，我要证实我的教法是对的。而且那些后来追着我学30多年的，他现在所有还坚持原来那些练法的师兄弟，没有一个打得过他。他们那些人一过了50岁，推手都不能推了。他叫"人过五十不推手"嘛。在我这儿学的，50岁开始推手有的是，照推不误，为什么？内家功和外家功就是不一样。我为什么从内家功入手教给你们，就从桩上教？**桩功是蓄内力、内气的。**元精元气元神，在后天一些活动啊，社会一些影响啊，心神消耗了，气也消耗了，元精元气都不足了。你要是练错了，不但不补充，而且还得过度消耗。咱们老说，就跟那煤气罐似的，有些人烧过煤气罐，开火猛大，也没做功，开着一会儿就烧没了，就完蛋了。

原来陆游讲过，陆游功夫非常好。陆游，你们可能不知道，他是宋朝的诗人，功夫极好，他就炼气，活到80多岁。古人活到80多岁的少有。他就说："炷小灯长久"（《戊辰岁除前五日作新岁八十有五矣》），你点灯的时候，炷子小的时候能点的时间长。咱们是轻吸缓呼，叫"绵绵若存,用之不勤"，相当于"炷小灯长久"那个意思。"灰深火能宿（xiǔ）"。锅底灰厚的话，里头的火能藏好长时间。实际上人也是，你的元精元气元神，不要过度消耗，老在温养它。

道家讲练内丹功，内丹是什么？就是补充你的元精元气元神，把这三宝凝聚起来，实际上就是所谓的练内丹功。内丹功说得神秘，他怕你学会。过去我看过张伯端（紫阳真人）有这么两句话："牡丹绣罢从君看,莫把金针度与人。"意思就是，你别教会了他啊，也别把针送给他，那意思是有些人你不能让他会，为什么？这东西很宝贵。到我这儿，我觉得这个东西是无价之宝，但是不能卖钱。说你是真功夫，是好功夫，是无价之宝，花多少钱也买不到，但是你又不能拿它卖钱。你拿它去敛财，这就是失德了，对不对？人要积德，你还得有机会。为什么你们将来有机会呢？你学会了，能把这东西教给更多人，你是在积德，这不迷信啊。"积善成德，神明自得"，我反复在说吧。我还讲过，有些人是"心口各异，机伪多端"，说得比谁都好。好些贪官就是，说反腐要怎样怎样，结果没过几天被人抓起来了。心口各异，言和行不对着。

大成靠德

我最佩服的人是谁啊？他已经不在了。老子说："死而不亡者寿。"什么意思啊？死了还没亡,谁啊？范仲淹。这个不好理解吧？什么叫"死而不亡者寿"？他永远活在你心里。范仲淹就是心口相对的。他说"先天下之忧而忧,后天下之乐而乐",他做到了。他当年在一个庙里读书,他家里穷。晚上熬一锅粥晾着,因为米也不是很多,在庙里,也没房住,"买一平方米 5 万多,他也买不起",所以他就在庙里住着。晚上熬一锅粥,第二天晾凉了以后,再拿筷子划成四块,这三顿饭吃这四块粥。没说怎么吃啊,朝三暮四,或者是朝四暮三咱也不知道,反正这四块粥吃一天。有一天,他在庙里玩,在一树根底下他拿手扒拉扒拉,扒拉出一罐金子来,他又给埋回去了。他就那么穷,他也不拿。后来他当了宰相,他两个儿子也当了宰相。他的那个工资,过去叫俸禄,多少钱咱也不知道,资助了三百多个穷亲友。你看他们爷儿仨都是宰相,收入应该不低了,高干了,后来他到死的时候连棺材都买不起。你看他的后代,大部分都相当优秀,为什么,这就是他们一代代积下来的。

我原来小时候在家里,我奶奶就跟我讲:"你记着啊,天下没有便宜,你不要认为你占的是便宜。"她还说过这么一句话,我觉得到现在正好用得上,她说:"你看见没有,你看那树上,坏枣先红。"果然是吧,你看好多那些个盛极一时的人,那都是坏枣,都红透了,那虫子眼儿什么的,又烂了,那是坏枣。所以作为咱们来讲啊,就是保持你这颗善良的心,一直到晚年。你死的时候不会后悔,过去不是讲"人之将死,其言也善"嘛,做了一辈子恶,到死的时候也明白了，也晚了，说好话，也知道后悔了，没有用了。所以作为咱们来讲，先要修心修德。刚才说了，"大成靠德"，你练到化劲儿，练到神明，就靠你去积德去，不是人人都有机会，你什么也不会，你积什么啊？只能有颗好心，也不错。谁要是好了吧，你祝福人家，这也是好心。福报有强有弱嘛，将来你们要用一颗好心对待所有的人，你把最好的东西送给别人，这样你的神也能松下来嘛。神要松，就是要修德，你神不松，形松了，还是差一块，到不了大成。

积善成德而神明自得，我反复讲这个。那会儿我师父就说，他说守信要做到"宁失江山，不失约会"。这句话我永远记着。那会儿没有手机，什么都没有，事先说好的，绝对不失信。作为咱们来讲，信用非常重要。所以你们这些入室弟子也好，还是一般人，要跟我学功夫，首先要做一个守信的人。让别人赞同你，也敢跟你交往，有些事儿他也敢帮助你。所以就做人来讲，要坚守"仁义礼智信"，我一再反复地在说。

神明

咱们讲到练功要守神，神是无处不在，咱们都说举头三尺有神明，是外在之神。其实不用举头三尺，你在旁边周围就有，你看不到他，他在多维世界，咱们只是三维世界的动物，四维以上的你就不知道了。心神所居之处就是绛宫，绛宫就在膻中穴往里走的地方。心神的名字是什么啊？心神他有名有字，名叫丹元，字守灵，名和字是相应的。"心神丹元字守灵，肺神皓华字虚成"，肺神的名字叫皓华，肺藏魄，字虚成，是不是挺合的？虚成，你肺是空的，虚空嘛，这是肺神；"肝神龙烟字含明"，咱们把肺神、心神、肝神都讲到了。"肾神玄冥字育婴"，肾神叫玄冥，字育婴，你要生育啊要靠这个，你肾气不足的人，也不具备生育这功能，叫育婴。"脾神常在字魂停，胆神龙曜字威明"（《黄庭经·内景经·心神章第八》）。咱们五脏六腑都有神，咱们大脑有九真人，泥丸宫里有九真人，咱们也不管他们姓什么叫什么，反正你记着上丹田是泥丸宫，现在他们解剖说叫松果体，一般成年人都钙化了，可是你要是练的时候，通过这个气啊，三田返复，气升腾、气降下的时候，可以濡养大脑，所以你记忆力就比别人好得多。你可以延长很长时间，有好多人一过了 40 岁，马上记忆力就差得要命了，这也是正常啊。

双修

咱们说内家功是身心双修，我老在说双修，有些人讲双修是男女双修，这是错的。现在有好多仁波切，咱们说有假的啊，他们以这个为主体。当然说有些真正的活佛，但现在少。上回他们讲过一个，叫什么名儿我忘了，他是腰有毛病。我有一个学生会按摩，那个老活佛是 80 多岁了，他老给这个活佛按摩去。

老活佛非要付费，我那学生说我给任何人做按摩没收过钱，一分不收，我不从这儿赚钱。大师的意思是说你付出劳动了，应该给你报酬。

　　现在有些人他说自己是多少世的，你别上当，所以人要有智慧，学东西要学正法。学佛要拜对了师父，学功夫也要找对的老师，当然这和自己的福报有关。双修是说自己要内外兼修，身和心双修。你看那个十大特异功能其中有一位，因为"双修"，警察要抓他，所以他跑美国去了，因为他有钱。还有那个发明什么桩把人练疯了的，咱们不说人名字啊，因为现在他还在教形意拳，他是在干休所教。我听我一学生说的，那学生现在不来了，他腰椎间盘突出在我这儿练好了，也能推手，都管他叫"暴力团的副团长"（大家笑）。过去他练形意拳把椎间盘练出来了，蹲得低啊，就是式子下得特别低，拧着腰，把椎间盘拧出来了，走不了路，拉着腿走。后来站桩站好了，推手、打拳，都没事了。那个人因为双修被人告了，从监狱出来的时候，正好让我那学生碰上，就是这个特有名的"大师"。所以不要误解双修是这种双修，**咱们身心要双修。先要修心，再修身，你把你的神松下来，就是心松下来嘛，你再去修身，这就叫双修。**能够做到双修的人，你自然是筋强骨健，而且你的思维、动作，都比同龄人要好得多！"寿敝天地"嘛，这就是老祖宗、《黄帝内经》上说的话，一定要相信。

立禅

其实站桩就是修，为什么呢？他们认为禅就是盘腿坐着，其实不然。立也是禅，坐也是禅。坐的人最好也站一站，站一站下盘是通的，打坐的人如果长时间坐，他腿也是麻的，下盘闭死了。有些人天生的盘腿就是不受力，很放松的，比如东北的老太太从小就做针线活，在火炕上盘腿一坐很自然，坐半天也不麻。像现在成年人，想盘腿得使劲扳，好容易扳上去了，一会儿就受不了了，放下来，待会再扳上去。慢慢也是功夫，练着练着扳上去了，但坐不了一会儿就麻了，膝盖疼了，我建议你下来站一会。

行禅、立禅、坐禅、卧禅，都是禅。看你有没有智慧，不要拘泥于某一种形式。像咱们的这个功法，你在站桩的时候慢慢地把心神放到下面来，然后再放到中丹田。一开一合的时候，是用神在驱动它，神驱动意，如鼓橐龠嘛，橐龠虚而不屈，动而欲出，你放松下来以后中丹田打开了。在座的基本上都练过第二式，一年以上的都练过，初学的站半年以上练也没问题，但第一式也不要放弃，交替着练，为什么这么说呢？如果说养生效果特别好的方法，前两种就够；再往后，就强化了，你可以练到不敢说百毒不侵吧，你喝点敌敌畏也死，但一般的吃了带农药的，你要是练功的话，排出去的能力要比不练的好得多。

炼丹

什么也不要过度了。咱们把脾胃健全了，消化能力强了，过去不是讲过吗，五味令人口爽，营养过剩了，"珍馐美馔成为腐肠之药"，古人也说过这话嘛。珍馐美馔是营养过剩的东西，再说过去的东西都很健康，都没有化肥农药，都没有什么毒，那吃多了都不行，为什么？你的能力有限。但是吃好的，只要站桩，真的没有问题。道家讲练内功的人，也是夸张地说，"一日百食不饱，百日不食不饥"，不信你现在两天不吃饭，你不会觉得很难受。但不鼓励大家辟谷去。站桩也不要憋气，绵绵若存，用之不勤，练功的时候不是憋气，就跟如鼓橐龠似的，虚而不曲，动而欲出。咱们脐上的中丹田，也是土釜黄庭横向打开，把中丹田打满以后就像轮胎一样，第一护着你的脾胃，第二护着你的软肋。这时候一开一合，收的时候为合。炼丹在中丹田，刀圭在中丹田烹炼，火在下丹田，叫吹风。道家讲丹田旁边左为玉堂宫，右为洞房宫，相似于两个吹风管。中丹田的开合呼吸就像拉风箱一样，拉开以后，再往回推的时候，风就从两个风管吹回下丹田。

为什么要轻吸缓呼呢？我在厚朴教过一个叫海蒂的印尼人。他要去学针灸，徐大夫说一人学一小时四百，四个人学一小时一百，让他等凑齐了再学。他就先学站桩了，他是特种兵复员的，印尼大使馆的，空手道黑带。特种兵练的都是实战的东西。他为什么要那么努力去练呢，因为他和我动手动过几次，后来他总结说："和马老师动手，出手越快，摔得越快；出手越重，摔得越狠。"他就认为我的力气太大了，他说他要拼命地练，练第二式呼吸的时候和我说："马老师，我练得上吐下泻。"我说："你怎么练的？"他说："使劲吸，使劲呼。"我说："坏了，轻吸缓呼，我和你说过吧。"他为了上功快，极努力，外国人以为功夫下到了，一定会立竿见影，结果练完了又吐又拉。我说："为什么，你知道吗？你这叫风吹火灭了，用风用过猛了，风太大了，火也着不起来了，就是这个道理。"老外他不懂，但他中国话说得特好，在中国待了十年，后来给他说明白了，结果针灸也没学成，就把站桩学了回国了。外国人真正精通中文的人能理解，老祖宗的东西我用白话跟他说，就能听明白了，托马斯专门学过中文，所以他也能理解。作为你们来讲，我讲了这么多，你们应该完全能掌握，一点问题都没有。刚才说了，

炼气化神示意图

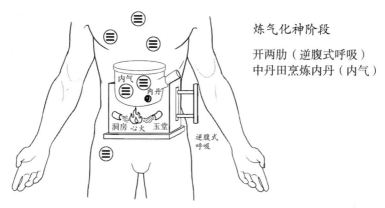

炼气化神阶段

开两肋（逆腹式呼吸）
中丹田烹炼内丹（内气）

在身体健康且内气盈满时，第一式会进入炼气化神阶段。此时可练习第二式以增强效果。

左玉堂，右洞房，两个吹风管，中丹田练第二式的时候，横的一开一合，虚而不屈，动而欲出，两个风管在吹下丹田的火，把心火降下来，心火为君火，吹旺了自然烹炼中丹田的刀圭，你自身的大药啊，为什么能健康活到晚年，其实道理很简单。如果你照着《修真图》或《内经图》练的话，你越看越糊涂，所以不要把它看复杂了。

刚才提到过世的老道长，他曾经说过大道越简单越好，别弄复杂了。咱们也是，讲复杂了好像挺神秘的，好像我挺有知识的；讲白了呢，有人会说这老师没有知识。其实不然，讲白了，只要一说你就会。不要怕别人会，我教东西历来就说，你不要怕别人会，你要教就要让别人会。我刚才说了，如果你拿它去卖高价，就不是老祖宗的本意。所以说为什么你能得到这东西？为什么你有缘能学到这东西？你敬天、敬地、敬先祖。过去不管各门各派都要立个牌位，天、地、君、亲、师，这都是并列的、平行的。所以要以古人为师，敬古人、敬师，你学佛也好，学道也好，你敬古人为师，诚而生敬，你才能获得这些信息。如果说你存心不好，就练不成真功夫。

骨内督脉

我讲的东西不离于道，完全合于道。这些东西，你们不用怀疑。我自从看过《内功经》之后，我就证实了我的东西是完全正确的。

《内功经》也讲嘛，"委中大筋竭力要直"，叫曲中求直；又讲"前任后督，气行滚滚"，咱们始终在强调这个嘛，但是咱们这个走的是髓道。为什么那些修道人说的过三关、通督脉很困难？咱们站第一式就能通任督脉，并不是说非要练到第五式才能通小周天。小周天是宋朝以后才出来的概念，叫河车搬运。咱们功法督脉走的是髓道，脊椎的内腔，就是髓道。咱们从髓道走就没有尾闾关、夹脊关、玉枕关。你从管道里面走哪有这些关啊？它堵不住啊。我从管子里走，你上哪堵去？我一下子就能上去。为什么你们好多人眼镜度数都减了？就是站桩的时候，气上到了泥丸宫。你站桩的时候眼睛有没有感觉？实际上应该有很轻微的感觉。这就是从督脉通到泥丸宫，有好几个眼镜度数减了 200 度了，你之前听说过哪个功法能把眼镜的度数减下来的，没听说过吧？咱们这个就行。

预防近视

上回我也讲过有很多很多的疑难杂症，包括不生育的，在医院没看好的，通过站桩都有好的反应和效果，咱们这个功法是符合于道的。**站第一式就可以通任督脉，吸升呼降，自然就升。好多人站的时候都会感觉到出汗、后背发热，眉心感觉好像有东西，**为什么？气上来了，因为眉心这儿就是上丹田，泥丸宫的位置，它可以濡养大脑，同时也能滋润你的眼睛。

什么叫聪明？实际上不是说你这人一算题比别人算得快，聪明是耳聪目明。有些老年人耳朵很早就聋了，眼睛也看不见了。你们好好练功的话就能做到耳聪目明，目明你们自己也证实了，眼镜度数减了 200 度、减 50 度、减 100 度的，都不一样，练的年头不一样。其他的还有很多疑难杂症的，比如不孕不育的有很多治愈的例子，还有糖尿病的，我就建议他们站桩。你们自己身边如果有糖尿病的亲友，要动员他们站一站，应该是可以修复的。我之前也说过几回，这个病能得，就应该能好，为什么得啊？你再逆过来不就好了吗。

活子时

咱们练的内家功也是，有个事情我一直没说过，因为过去觉得这个有点说不出口，叫"活子时"。站桩的时候是会有这个现象的，小李问过我。活子时其实就是无欲的时候阳举，以前我没有说过。这个时候你就要烹炼了，在内丹功来说就叫做产药，在没有欲念的时候这种状态就叫活子时。男女都有。这个时候你用第二式也可以，第二式就是烹炼你的刀圭，一开一合，很快就平复下来了。它叫"顺成人，逆成仙，只在其中颠倒颠"（《无根树》），把这种精化成气，到最后三花聚顶，不是迷信。三花是什么？元精、元气、元神。聚顶是什么？能上到泥丸宫。这样的话就是耳聪目明，就是健康，就能不生病。咱们在座的很多人过去容易感冒的，很长时间不感冒了。为什么？因为抵御外邪的能力强了，阳卫之气，咱们说气为阳，是卫气。为什么后背先热？后背为阳，它归位了，归到正位上了。秋冬养阴、春夏养阳，现在这个季节（夏天）先不要过度地吃寒凉的食物，现在是温养你脏腑的时期。过去说，一年四季要顺应四时，实际上中医分为五季：春、夏、长夏、秋、冬。暑伏属于长夏，长夏多湿，站桩出汗，出很多汗，排湿有利。为什么我一再说，冬练三九，夏练三伏，就是说要把三伏天好好利用起来。

把心立正

我练功就注意顺应四时，过去，我每天晚上都练到十二点以后，那时候也不知道干什么去，电影也不能看，也没什么可看的，革命电影看了多少遍了。革命歌曲我都会唱，我也不愿意听他们唱，干脆就站桩去吧，带着一大帮人就去站桩了。这就是利用不利的条件来成就自己。我经常讲老子说过的一段话："天长地久，天地之所以能长且久者，以其不自生，故能长生，是以圣人后其身而身先，外其身而身存，非以其无私邪，故能成其私。"你看，天长地久，它不自生啊，不为自己所生，它是为了万物，所以才能长久。圣人是为了别人，面对一切都把自己放在后头，一切利益都让给别人，最后能像天地一样长生，所以圣人先想别人、先为别人，最后才非以其无私，故能成其私，正因为他无私才成就了私，这个私就是个人。作为你来讲，只有做到无私，才能成就自己，大家尊重你、喜欢你，愿意接近你，所以你要奉献，一定要把这个心立正了。

上回说啦，某武馆的馆长，教你站功，收费一小时2200元，还有零有整，2200元不知道什么道理啊。值不值是另一码事，本身你这东西对不对，需要考虑，对吧？有些人把人练坏了以后，人家没办法，再找别人去。你们出去站桩，市面上的大师们都会说："你这不对。"连我都被人说，你这不对。不对就不对吧。往往他们都是"对"的人，到最后死得也早，病也多。很多大师都毛病很多。原来史蒂夫那个师父说："你腿坏了，我腿也坏了，我师父的腿也坏了，不受苦怎么能练成？"后来就是在公园练着练着，"咕咚"一声躺地上去了，脑溢血嘛。你功法不对，自然就受伤害，就是他膝盖得天天按摩去，他自己练伤了，他师父也有毛病，他徒弟也有毛病，这都是"大师"，所以说"大师"的话不能听。

王大师现在不也出来了吗？他们好多都称自己是大师。所以到外头去，听说"大师"你就离他远远的，这叫敬鬼神而远之嘛，那都是神，是吧？王大师对一个职业打假的人说："我隔着几十米就能把你戳死。"他说几十米，你上跟前让他戳一个试试？就跟上回我那师弟说的，那位"大师"说，"你站那里别动！"被人打出五米以外，还让人站那里别动，"我发五雷掌能把你五脏打烂了！"我那师弟就特别害怕，觉得特恐怖。所以"大师"说话，你得听完了赶紧走，你别让他吓住。这东西也是，五雷掌一发，你五脏都烂了，也挺可怕的。所以说世界上无奇不有，什么都有。

在国外的也有，跑到国外去还在教功。说某"大师"，神仙教的那"大师"，现在还在那教呢，教人盘腿打坐。盘腿打坐也不是坏事啊，他自己发明的，对不对咱们不说。我这儿有个学生，介绍了很多人来学站桩，这个人姓莫，他是中国科技大学的一个高才生，少年班的到美国斯坦福大学留学以后，在斯坦福留校当数学教授，按说是顶尖人物了吧，当时就给逃到美国的这个"大师"做推广。"大师"因为骗够了钱了，到美国去了，小莫给"大师"组织会场，因为他是教授嘛，他有影响力，组织好多人，卖票卖了很多钱。我这美国弟子小魏和他也是朋友，她当时也在现场，帮着卖票数钱，这是小魏自己说的。我估计这"大师"挣的钱啊，他也不会分给别人，你帮忙他也不分给你，"大师"都是这个风范，分给你就不是"大师"了。结果后来小莫就在那树底下打坐，谁也不理。坐了好长时间，也没坐出神通来，最后回国了，跟我学站桩。到现在保命的桩就是一个三体式。他自己说："我要是没有这个桩法，我现在身体就完了。"他也有一个公司，一百多个员工，也挺操心的。因为他这个人比较老实，事必亲为，可能老是觉得别人干不好。因为他是太有才了，斯坦福大学数学教授，你想想，别人智商都不如他，所以他很累，只有站桩才能保证他健康。他现在一直在站，他介绍不少人过来，咱们这好多都是他介绍过来的。这种高智商的人，我一说他们都能接受。小魏是斯坦福的博士后，他们家小朱是斯坦福的博士，我讲了一遍，他们就认为这是最好的。小魏是研究生命科学的，她原来过敏特别厉害，站桩三年后完全康复，她说这才是生命科学。今天上午也说了，有一个学员过敏特别严重，后来我就跟她那同学说："你告诉他，只有站桩这一条路，没有别的办法。"你看，好多过敏的，你吃什么药都不管用，而且今天吃完了明天还吃，吃完了以后毒素都积累到你肝肾去了。

回头是岸

所以现在有好多人吧，一有毛病赶紧上医院，赶紧给你挂上输液。现在医生都是这种办法。第一，可以增加收入，你挂一瓶水都得好几百，你想想这个东西都是错误的。西药这些东西，都伤肝肾。所以我的观点就是，大家都不生病。我说西医做手术应该保留下来。有必要做的还要做，不是什么都要手术，如史蒂夫的膝盖和小岳的半月板撕裂，没听医生的都站好了。这西药，能用中药代替就用中药代替。中药吃多了也不行，有些中药也有副作用。刚才说了，练中丹田，你自己的药，咱们说叫刀圭嘛。取坎填离，你生成三个阳爻就是你这刀圭，是你炼丹的原料、你的物质。刚才说活子时，原来没讲过，这回讲了，这时候你用第二式，或者用第五式（小周天），你运小周天，你让它转起来以后，它自然能平复。因为很多人一出现这种状况，他心烦意乱，这很正常。刚才说了，过去说顺成人，逆成仙，就是这个道理。你把它化成你自己的元精、元气、元神，你补充你原来消耗的，所以你就永远是健康的，你不会生病。

你看有好多大夫一接触病人，遇到那病人特别寒凉的，大夫自己一直凉到肩膀这，而且挺难受的，这确实有，这不是瞎说啊。那个厚朴的徐文兵大夫，他爸爸就是寒凉得跟冰似的。他每次给他爸爸治病的时候给点穴，只要碰上以后，马上就得上厕所，闹肚子、拉稀。实在不行了，他把我叫去了。他那时候在四惠东那边，他爸爸在那住，让我去了。我也把他身上的经络、穴位推了推，点了点，一个小时吧，我手凉到手腕这儿，我一摸手也冰凉冰凉的。我把手一放下来，几分钟马上就热了。我说"你看我，没事了，我也不拉稀，你就得好好站桩"。那时候徐大夫说嘛，"站桩度秒如年"，他书上也这么说。后来他能站到两个小时。他应该是有智慧，他知道咱们这个功法是对的。你想想，他经历的人多了去了。有一个姓苏的教过他内丹功，这内丹功也没炼出来。他现在觉得站桩对他是最好的，他也劝别人。现在他也是，他讲课的时候老提到站桩嘛，说明他也验证了以后，知道咱们是对的。你们也能验证，你们也能知道怎样是对的。

咱们在座的也是，小王以前练过螳螂拳，伤得厉害，现在在恢复期。他原来体重是一百五十多斤，练到现在一百零几斤，慢慢地你还能恢复。你看小冯也是，他是小史的同事，他对咱们中国功夫非常痴迷，痴迷到什么程度呢？照着"大师"的视频拼命努力去。三体式一边能站一个小时，很不容易啊，这是有大毅力的人啊，你应该算是一个我挺佩服的人（对小冯说）。虽然站错了，但你能站一个小时。回头是岸，你从头再来，把那些都舍弃了。你看你现在也是越来越瘦，两年前你来过几次，那时候你不是这样的，但是我相信你一定能恢复到原来，而且比原来还要好。我这有不少过去练过其他东西的学员，先跟我这学，练过一段时间以后，什么时髦学什么去了，结果他们最多的十年、少的有四五年吧，也都回过头来又重新学。

站桩与瑜伽

那会儿瑜伽时髦的时候，很多人去练瑜伽去了。那个瑜伽进入中国以后，就是肢体动作，压压腿，抻抻筋，窝窝腰，甚至有些人把腿一撅能挂到脖子上，能转多少圈。好家伙！这东西是柔术的一部分，跟瑜伽没什么关系，瑜伽也要练冥想啊、炼气呀。我听一个徒弟说的，古瑜伽功要把气聚到后背，完全跟咱们相和嘛，气为阳，背为阳嘛。原来我一直强调气要聚到后背，力由足起，气由脊发。我讲桩法，重点就在这方面，气要放在什么地方？归到正位。咱们后背应该是满的，阳面打开了。你现在阳面打开以后，阳气归到正位；你要是挺着胸，气在上面，就在肺上、肺式呼吸。现在你把肩一抱，自然肺式呼吸停止了，其实还是在肺呼吸，但是它降下来聚到后背，这时你的内力啊，是一天强于一天。如果你要练到晚年，只要还能走路，你就不会输给别人。争强好胜是不对的，但是你要有这个能力。为什么呢？说"我是练武、练功夫的，我练了半天，就是到老了表演不好看了"，那你说你练它干什么呀？

刚说了，第一式和第二式，今天讲的这些东西你们都记住了吧？第一式是空下来，离中虚，坎中满，把（胸）这空下来降到下丹田，这个时候就可能出现活子时。一开始不可能出现，第一式筑基嘛，站到一百天一般三个月或四个月。有时候站三个月四个月的，功夫没下到，也不出现这种状况。这时候你已经能学到第二式了。现在在晚班有一个学员就是，她有一种状况，是女生嘛，她一站，心烦意乱，我把第二式给她教了。因为她已经在家站了半年多，在这又学了三个多月，第二式学完了。后来我问她第二式学会了吗？她说："会了，没事了，心不烦了，一会就过去了。"是什么意思？你的元精元气在强化了嘛，所以出现了这种状况，一点也不奇怪。这种状况，你要坚持下去的话，把它练成道家所说的内丹，**你的元精元气元神都强化了以后，你抵御外邪的力量自然就强了，你的身体就比别人要结实得多，筋强骨健。**

这回再印证一下，自己再练，是不是都明白了？记着，今天讲到这个活子时，你们不要以后说不知道怎么回事，就这么回事，这就是阳气发动的时候它有这种状况，你就用第二式或者第五式，第五式没学，你就用第二式。在过去这是不能说的，因为中国人很少谈这方面的问题。

桩功第三式，打通中脉

第三式的身形步形与前两式相同，区别是两手掌心向上，两中指间的距离大约有两倍的肩宽，直腕，两上臂内侧轻轻贴住两肋，肩部松沉，垂肘，意想两肘间透地，十指自然弯曲，放松，五指分开，若能感到指梢有麻胀感，说明并未用力，已达到放松的目的。肘弯处夹角大约保持在150度。

桩功第三式（正面）　　　　　桩功第三式（侧面）

前面讲了第一式、第二式。先讲的第一式，基础嘛，第二式也是，非常重要，前两式分别对应先天、后天，养生效果极好。咱们练的功法里，好多过去的东西被我省略了、取消了。我的观点是：不是你学多少，一定要看你练多少。我这一个式练一千遍，和这一千个式练一遍，哪个效果好啊？那一千个式练一遍的，一点效果没有；这一个式练一千遍的，那效果好得不可思议，所以我要讲清楚这点。**第一式、第二式是非常重要的桩法，谁也不要以为这个太简单了，就不重视，一定先要把这前两式练好了。**

上接天根，下接地轴

上次咱们讲过，提挈天地，把握阴阳，这重复多少遍了，头顶为乾，足底为坤，咱们从人体的中线来讲，百会和会阴是一条轴线，是咱们人体的中，形的中；神属于内，形属于外。因为人是个体，肯定有中心嘛，中心就是这根轴线。三部丹田，下丹田在小腹，中丹田在脐上、土釜黄庭，上丹田在泥丸宫，这个大家都知道了。这条线要跟地垂直，要过地心，这才能叫上接天根、下接地轴。我一再强调，你要是腿弯下去，往下一蹲，那不是桩！第三式的手形是在第二式的基础上平着打开，放到身体两侧；身形——腿、腰、背跟第一式、第二式都一模一样，一点区别都没有，但它有一个区别，就是要把百会到会阴的这条线冲起来。

我听修行密宗的人说过，他们的中脉和咱们的这根中线是完全相合的，我估计这里面也包括道家的东西。你想，如果中脉歪了、倾斜了，那就破坏了自然，破坏了道，不平衡了。所以说，一定要往那一站，就跟钉子一样钉在地上，脚底像树根一样，腿像树干一样，上肢像树梢一样；这根中线就像钉在地里的钉子一样，一下就过地心。这根轴线是无中生有，你解剖找不到，就跟经络似的，活人没有让你解剖的，死人解剖也找不到，但经络是存在的。

练功的时候，好多人感受不同。今天有一个女生说："马老师，我站的时候，为什么气下到膝盖那儿，停了一下，不往下走，待会儿下去了，下到脚。"我说：每个人感受不一样，这个是确实存在的东西。任何人问我的时候，说："您有什么感受？"我说我不能说。别人和你说的，是他自己的感受，这要靠你们自己体会，只要你按我说的做对了，你这种感受应该是非常明显的。当然对于病比较重的人，可能比较慢一点，但都能练通了。我一再强调，这个病能得就应该能好，应该是可逆的。

像这些东西，如果你相信自己，你相信老祖宗说的东西是对的，你还得去做去，这也像学佛一样，要信、愿、行，先要相信。来咱们这的人，我老说，都是有缘人，为什么呢？有些人一听马上接受，有些人说破了嘴他也不接受。尤其有些人没有毛病，身体特好，他说"你这个根本没用"。也是没用，他没有病有什么用啊？他没体会到病好了的那种快乐。往往身体不好的人，他能体会到自己一下找对路了。我原来也引用过这句话："求医不如求己。"完全依靠你自己努力，按我说的，相信我。

这么多年，我说过，我最大的缺点就是不会骗人。如果会骗人的话，来的人都信我的了。现在信我的人，都是不用我骗的，我骗也骗不了人家。如果说我骗人，加点神通，来点小魔术，可能会吸引好多人。咱们讲，将来你们教也要实实在在，一定给人讲清楚了，而且没有迷信，没有神通，什么都没有。你就说，自己老老实实站桩，把方法、功法掌握了。你好了，还要影响别人，要教给家里的亲人、亲友，让他们也学习学习。为什么？现在邪法太多。

所以说按我的功法，咱们这根轴线要钉在地上，没人能打得动，这是真实不虚的。站的时候，第三式桩功主要练的是中线、这根轴线，要上接天根，下接地轴，下边会阴要往下透，透到地底，但是意念不要透啊，要钉到地上；头顶要上接天，就跟天线似的。从佛教密宗的角度讲，会阴叫海底轮，咱们形意拳把会阴叫海底，降丹田、下海底；再往上密宗叫脐轮，咱们形意拳叫中丹田；再往上密宗叫心轮，咱们叫绛宫，心神居所。道家讲炼气炼十二重楼，密宗叫喉轮；然后还有眉心轮，就是咱们的上丹田。咱们的百会，密宗叫顶轮。密宗第七轮叫梵穴轮，在头顶外边。咱们练道家功玄关设位的时候也可以设到头顶上方那块儿。我那时候也练过那么一段时间，但后来懒惰了，设玄关的时候也可以设在头顶上边。我一算，完全合乎密宗的七轮。玄关设位是自己设的，不在身体里，可以设在身体之外，那时候我设的就是头顶上边，也感觉挺奇妙的。

所以说你能够吸收大自然的精华之气，靠什么？靠你完全放松下来，神松下来，形松下来，整个全松了。因为到练第七式的时候要练到周身透空。现在小孟练第七式，周身透空，这就可以接收大自然的能量，放松以后，这个是不可思议的能量。第七式的周身透空，就是洗你周身的所有经络、细胞等等。小孟练第七式可以达到一个小时，你们也可以练，但不用着急。练到第八式，到最后敛气入骨髓，就是精华之气入骨髓。

咱们这根轴线过了地心，跟地垂直以后，就像摩天大楼一样不会倒，不会塌，它永远是稳固的。咱们这条线是咱们的中，怎么练呢？口诀叫"吸升呼降"，舌舔住上牙根儿，吸气的时候用力提一下肛，臀稍微用点力抱一下，委中大筋后侧用点力往上挺一下；一提肛、一抱臀、大腿委中大筋往上用力挺这一下，气直接就吸到泥丸宫，练几次就有感觉。但这个比较累，你要让它动起来，升起来。呼的时候降下来，也是下到丹田、降到海底，甚至你气够用的话，它能到脚底。"圣人呼吸以踵"（《庄子·大宗师》），"踵"就是"脚后跟"，为什么站桩的时候重心要移到脚后跟去？因为踵对应的脏腑是肾，所以你把重力放在脚的后侧，可以强化肾气。

第三式对先天、后天同样都有很好的补充，它是吸升呼降的，升上去往上冲，密宗说是把这中脉打开了，咱们也说要打开中脉，咱们跟它不一样的地方，密宗还有左脉、右脉。咱们的功法上冲上去，呼气的时候一松，全松下来，整个臀也放松了，跟站桩第一式、第二式就不一样了，是完全放松，呼气的时候一下儿要下去。有的人很快就有感觉。这个是什么道理呢？这就是上接天根，地上的往上涌，天上的往下降。吸升，吸气往上升，升为阳，吸气为阴，到这颠倒一下：咱们让它升上去，反升，要用点儿力。这里用的是内力，肌肉基本不用力，只是在提肛的时候臀部肌肉稍微用力，大腿后侧委中大筋要用点力往上挺一下，提上去，提到泥丸宫；你稍微静一静，马上一呼气，慢慢沉下去，它走多快都不管它，你呼气就慢慢呼就行；它下到哪儿算哪，它有时候一下能冲到脚底，有时候到会阴也没关系。有时候如果到会阴以后，上次不是说过嘛，有些人会感觉到跳，如果跳得心烦意乱了，你就回到第二式，就是温养。

温养

过去道家对温养讲得很复杂，但大道至简，说得再复杂，实际上就是一个丹田气，开合升降，能开能合。第一式是蓄，把气蓄到下丹田，"专气致柔，能婴儿"，婴儿式的呼吸，就是腹式呼吸，这样养生效果就非常好了；你再能做到开合，第二式两肋开合，就是温养。第三式降到会阴有的时候跳，跳得心烦意乱，或者出现活子时，这时可以用第二式。上回也讲到这个问题了，河车搬运、小周天，那是宋朝以后才出现的，咱们练的这个最简单的方法就是用第二式去平复它，这时候你要不健康都不可能了。所以说，练武不能强身这是不对的，一定能强身。在座的也都能证实了吧，你们原来都不这么强壮吧？最明显的是小史，他在他文章中说，他现在的身体比他 20 岁的时候都强壮多了，这个确实是事实。小史把他的体会写了文章，在座的你们入门以后都有责任，要把咱们的好东西发扬传播出去，让更多的人受益。

大隐于市，不失其德

过去都比较保守，保守为什么不好呢？对有些人你不保守也不行，你教给他，他也不信你这个，他没有这个缘，但有的人会觉得得来不易。山东威海有个小伙子，受寒以后跑了 17 个省市才找到我这儿。在我之前也找过一个教功的，也是形意拳，跟他说："我教你功，你先交我 10 万块钱"，这爷俩儿很穷，把家里房子都卖了，那人又跟他们说："我有十三部功法，如果有人全学了，我从第一部教到第十三部，我收 1500 万。"也许他自己觉得值，但像这样的，你值得考虑，是学他的呢，还是学我的这个？学咱的功法成本很低很低，你学会了以后在家练可以说是零成本，什么都不需要，什么器械都不需要。当然，初学者到我这儿交点儿学费，跟赞助差不多，咱们也得有这么个环境。所以，你们作为徒弟来讲，也为维护我们这个练功场所做了很大的贡献。我也感恩，过去曾经教过的，不管对我有多大意见，我教他们的过程中我没放弃，我坚持下来了，所以也要感恩。现在我想起来了，我还得感恩徐文兵，好多学生都说："没有徐文兵，我们认识不了您。"这是对的，确实是对的。我在他那里教了六年半，他提供了一个平台，让更多的人认识了我，让更多的人接受这个功法。我在他那儿从来不说我自己有多少功夫，他也很少看见，那看见也跟假的一样。好多人找我试手，确实跟假的一模一样，体现不出有多大功夫来。因为我一伸手，看不出来，你就输了，他自己就知道输了，我从来没有让人家特别寒碜的。

过去一个跟我学拳的人说："您知道您为什么不出名吗？"我说："不知道。"他说："找您比试的人吧，赢了您的，肯定到外头说'我把马世琦打败了'，可是没人打败您吧，所以没人提这事儿；如果被您打败了，人家出去也不会说'马世琦把我打败了'。找过您的人没有赢的，输的没有到外头说的，所以到现在很少有人知道您。"我说："这就对了，这没关系。"像咱们这样老老实实做人，把功夫练到自己身上，我的功夫再好，我不能代表你们，但你们可以代表我，你说我是马世琦的徒弟，或者没入门的学生，我学完以后身体状况有什么改善，咱不用光从技击实战角度出发。但咱们这功法要用到打人上那是轻而易举，真的可以说不费吹灰之力。

耄耋之年仍可御敌

我曾经讲过一个真事，内家功好在什么地方呢？跟年龄没有多大关系，你只要能走路，你就能战胜对手。明朝的时候有一个功家南派的高手叫邓钟山，他的内功基础相当的深厚。邓钟山这一生右手老是带一手套，他不摘，为什么呢？他一摘手套，他这一掌能把人打死，所以他从来不摘。他 97 岁的时候，大家聚一块儿和师父聊天。他的大徒弟，也成名了，但他想自己都 60 多岁了，再不出头就晚了，想把师父灭了，他就是天下第一了。这欺师灭祖的事自古就有，不是现在才有。最后他和师父动手的时候，他就想把师父灭了。他师父知道，那手套都没摘，一掌打他身上了，他当时就死了。过去师徒都签生死协议的，打完后说："抬下去吧，他想杀我。"就这么一句话。97 岁的老人了。过去讲，真正的内家高手，"耄耋之年仍可御敌"，这是过去人说的，这是真实的。现在为什么没有了啊？什么四十不做拳、五十不推手，因为他的功法是错的，错了以后，在年轻的时候练了点暴力，靠玩命、恶狠狠，练得心念都恶，最后把自己练出毛病来了。

守中的威力

刚才我说了，咱们这根轴线，冲上去再降下来，冲上去降下来，你就把这个中定住了，这就是形的中，你永远可以立于不败之地。刚才为什么要讲这个故事呢？咱们是内家功，咱们这根轴线很重要，我今天强调一定要做到上回说的东西，重复了很多遍了。守住了你的中，丹田带着转的时候，围着这根中线在转，所以不能往前倾，不能往后仰；开合的时候，也围着这条轴线开合，你看车轮转动也离不开这轴嘛，你这条中线就是你的轴啊，你转动起来就是围着轴在转，轴是静止的，外围是在转动的。你看，车轮转得再快，车轮肯定有正中心点吧，正中心点的线速度为零，大家学过物理都知道吧，它中心的速度为零，越远的地方，速度越高。咱们绕着中线转的时候，咱们的手也是围着中线在转，出手也是，抬脚也是，咱们都是围着中线。我原来讲过，咱们出手为什么比别人快得太多了，咱们是复合速度，从腿到腰，腰是胯带着转，丹田气围着轴线在转的时候，是一个旋转速度；再加上腿的一个速度，一个往上挺的速度，也有开合的速度；再加上手的速度，三个速度叠加起来以后，所以才这么快。

估计大家都有体验，和我动手的时候，你们刚出半截，我的手就到了，这个大家能相信，是吧？外面找我比拳的人都是这种感觉，明明他先出手，我先到，这绝对做得到。咱们的秘密就在于三个速度叠加在一起。你叠加得合理呀，咱们举个例子：一个往东、一个往西，一叠加成零了。要一个方向，发出去的速度和力要一个方向，是对的。你看好多努气使力的拳，咬着牙，恶狠狠地，手使劲哆嗦着推出去，那肌肉全绷死了，那是内力在抵消，自我消耗，这样做不养生。那个功夫巨星不是说了"练武不能强身"，练这种武是不能强身。那些所谓能打的，有实战能力的，是靠他的体能；有几个相当出名的也是替中国人争了光、出了气了，但他的寿命很短。

功法和功法不一样，咱们是两者兼备；他们是外练，咱们是内外兼修。外练在年轻的时候，也能达到有千斤之力。当然了，你要是说外练出外力，那还有天生神力的呢。我看电视演了一个老人，60岁了，他就是天生神力，能挑起400斤的重担，这不是练出来的。有好多所谓功夫特厉害的，能打的，徒弟里没有厉害的，为什么啊？师父天生神力。我听一个学生说过，他的老师，那煤气罐，一只手捏着把能撅起来。你想想这是不是天生神力？所以那些跟他比的人打不过他，他是力气大。过去说"一力降十会"，但这"十会"会到什么程度是另一码事。

外力不持久，随着年龄的增长很快就没了。为什么50岁就不再推手了？没力气了。但是咱们练这东西吧，它是内力，一再蓄积，是永远在积累的，不会消耗。那天我讲过，八八六十四，"则齿发去"，就这么几个字；前几个从五八、六八到七八，什么肾气衰、肝气衰、阳气衰，这都衰了，到八八六十四，等于衰光啦，等于煤气罐烧完了，就有点儿残渣。过去我也烧过煤气罐，到最后这顿饭没做成的时候，我弄盆热水，把煤气罐坐里头，也能烧一会儿，做熟了饭，我再换去。人也是，你剩点儿残渣了，怎么办？别等剩残渣的时候，你得补。补怎么补啊？我把功法告诉你们了，这就是补。

炼神还虚示意图

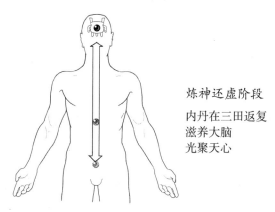

炼神还虚阶段
内丹在三田返复
滋养大脑
光聚天心

在炼气化神达到较高境界时，会自动进入炼神还虚阶段。第三式的姿势有
助于增强效果。

三田返复

刚才说了，你这中脉、中线，冲上去、降下来，冲上去、降下来，
叫"三田返复"。为什么叫三田返复？三部丹田，从下丹田冲到中
丹田，再冲到上丹田，可以濡养你的大脑。如果你要站第三式的
话，我估计对你眼睛的效果还好。像咱们站到第一式都有效果了。
为什么？你的肾气充盈了，一般人如果肝肾阴亏，眼睛就不大好。
所以你把它补足了呢，自然就好。现在的年轻人，学生中戴眼镜
的居多。像我们那会儿，也可能家里穷吧，买不起眼镜，戴眼镜
的极少极少的。有可能现在学生压力大。如果家里有这样的学生，
你让他哪怕每天站半个小时，我估计都有好处。首先，你能学会
三田返复了吧，濡养大脑，你的记忆力就比别人好得多。这个是

我实践过来的，多少年前我就知道这个道理。

先人后己，切勿藏私

在厚朴中医学堂里教，还有我在社会上教，我也发现好多神奇的东西。不是说那些神通的东西，是挺神奇的东西，看来还是老祖宗的智慧吧！掌握了以后，第一是你健康了。第二，要弘扬下去。当然你还要去好好学，好好练。原来有一个女的，梅核气，感觉嗓子眼里有一东西，也吐不上来，也咽不下去，中医叫梅核气。吃药也没管用。站第一式，站了几次，好了。她说："已经好了！"后来她站着好像有点别扭，过来让我看看，又来了两三次，给她调好了，以后她回家能站了。有很多人都是这样的。这也是好事么，你要是说拿着钱往医院里送，你吃了好多药，病没好，副作用添上了。如果这药吃着不管用，它就是起副作用的。像这个梅核气，虽然不是大病，不要命，但是也很难受。那个女的到调好以后，又来了几次，一直到站得没问题了。

咱们这个东西，你要是不告诉别人，你带走了，等于说你这人太自私了。上次我不是讲了么，"是以圣人后其身而身先，外其身而身存"，你把自己放到后头，你把别人放到前头，你想着"我一定要帮他，我要把好东西教给你"。那不接受是他的事，不赖你，他如果不听你的，跟你一点关系也没有。实际上你成就了你自己，验证了这是对的，起码你没毛病。小吴他父亲尿酸值高，通过站桩现在也降下来了。尿酸要降没有办法，谁也没有办法，吃药，吃那个秋水仙碱，那是毒药！它不能治病。包括高血压也是，吃药也不治病。好多药都不治病，它只管你当时，让你不难受，但是最后影响你的生活质量。**你站桩呢，头几个月，我说了，枯燥、乏味，而且无聊。站通了以后，过几个月，你感觉"哎哟我离不开了"，是一种享受，站的时候是一种享受**。有些人很快就有这种感觉，他就感觉身心愉悦，这就是上道了，"上当了"（笑），离不开了，这就是被"骗"了，被"忽悠"了啊，我觉着这么"骗人"是好事儿啊。你是善意的，他要是去做了，还真能好。像我教你们的时候，我就怕你们学不会，你们教别人的时候也要怕人家学不会，千万不要怕人学会了，最后还是成就了你自己，有舍就有得嘛。

我一开始的东西也不是这样的，我在学的时候也是传统那些老东西，那些老的练法。后来我教人，实实在在地教，我发现了，我这个方法是最好的。确实不是在说大话，是最好的，还是成就了我自己。我就先考虑一定要让别人学好了，因为有些人得病都快死了，真的快死了，这是真实不虚的啊。他们家里都说："你们别跟他打架了，我们孩子多啊，快死的人啦，你们别惹他了。"因为有病的人脾气暴躁。结果他站了4个月，也是4个月，完全康复了。这是肠胃的毛病，不消化。这是我发现的第一例。剩下的其他就不在话下了，太多了，在厚朴中医学堂就相当多了。

　　第三式，气往上冲，知道了吧？我再说一遍，往上冲，吸气的时候提肛抱臀，腿往上挺，往上拔，一下让它冲到泥丸宫。你感觉到眉心的时候，两个眼睛有胀感，这时候就比较明显了。这时候你可以定一下，不定也行，一松完全下去，下海底。

为学员演示桩功第二式的呼吸方法

第六章
与天地精神相往来

桩功第四式，天地交泰

身形，步形要求与前四式相同。两手的掌心向下，五指松开，自然弯曲，两掌下按，鱼际贴大腿根外侧的腹股沟尽头处，两肘自然向后撑并下沉，双肩内扣，两手掌心内含。按在大腿两侧的手掌轻轻上挑，但不要用力，以免使腕部僵滞不灵。

内外交接

第四式，要练到内气和外气交接。第四式，站法跟第一式、第二式、第三式没有区别，也是一模一样的东西。但是手形呢，在第三式的基础上，把掌翻下去，阳面（手背）向上，手在腿的两侧，就像在水里扶着两个球一样，漂着，一点儿力不要用。

这有什么好处呢？手往前去一点儿，阳面不是开了吗？吸气的时候也是，还舌舔上牙根儿，舔住了，吸气的时候，让它直接

桩功第四式（正面）　　　　　　桩功第四式（侧面）

去后背。你们看我后背，我让你们摸我这块儿、最高点，我那块儿不都是满的嘛，后边是满的。这是因为什么？多年练功练的，气往上聚，一聚一松、一聚一松的时候，慢慢把这儿就练厚了。这有什么好处啊？肩背不会受风，明白了吧。加厚了以后，等于你这保温层厚了，现在咱们楼房不是冷就加保温层嘛，你后边变厚了就是保温层，所以咱把气聚到阳面。你们吸一下试试，一下吸到后背，那儿不是一点，是一片，大椎周围，明白了吧。吸完了以后，它是从十二重楼过去，用意把它透到那儿，你想着这就是大自然精华之气。手的劳宫对着地，吸的时候意想着大地之气跟天气，跟百会这边儿，一个天，一个地，天地交接，一下都聚到后背这块儿。咱们的练法，与众不同的就是这个。地为坤，天为乾，天地交泰。"乾索坤，一索生长男为震"（《易·说卦》），这就是说，天地交才能生万物，阴阳交生万物，咱们要聚到后，培补阳气、正气。聚到这儿以后，呼的时候，让它往前拐一下到绛宫，直接降到海底。

你们试一试。有感觉吧？吸的时候，想着手劳宫对着大地；收颌头上顶，百会对着天。乾坤，天地相交，聚到后背大椎下边这一片，给它吸满了。呼的时候，往前一拐到绛宫，绛宫在膻中穴往里、在骨头里面，密宗叫心轮，咱们叫绛宫，心神居所，也是在中脉的线上。拐到那儿去，呼气慢慢松下去，一放松降下去。

吸气用意从劳宫、百会这儿，过十二重楼聚到后背。试一试。后边把阳面打开，聚到阳面，往前一拐的时候，呼往下沉。这会儿感觉应该很舒服，能练到第四式，对于下边四式呢，就把你的基础完全打牢了，把过去损耗的补充上了，就跟煤气罐似的，不要等到剩下残渣，我再往里补充。我们现在每天活着都要补充，天天往里充，你内在能量就强大了。所以"寿敝天地"不是说真的像天地一样长寿，也不可能。升到忉利天，寿命还有限的嘛，对不对？所以过去神仙说"寿敝天地"，到非想非非想处天，寿命也有终尽，也有头。所以咱们这也是，凡人活在这个世界上，可以健康活到百岁。你要愿意活吧，就天天练一练。像我，我想活，我就好好练练，我现在又开始练了，原来我三十多年不练了。我是练到 36 岁，直到 70 岁我就没再练，但教功没有停止，我现在又开始陪着大家一块儿练一练，活动活动。这也是不能把这东西舍弃了、丢掉了，我还要通过你们去传播。

记着啊，这就是天地交泰，劳宫也松下来，缩劳宫，劳宫要这么缩一下。缩劳宫，这是虚空的，意想着大地精华之气从劳宫入，大自然天上的精华之气从百会进，一块儿交到后头。小孟试过吧，练第四式那会儿感觉是不应该挺明显的了？（小孟答：嗯）小陈有感觉吗？（小陈答：后边热）有吧？这一式也热，这是正常现象。记着啊，这叫天地交泰。第四式，就增长功力了，不光是养生效果了，而且会增长功力。气为阳，血为阴，阳归到什么地方啊？要归到后背，气归到后背，背为阳，气为阳，它去到该去的地方。所以为什么我一再说马步不对。你要老说马步不对，人家有喜欢马步的，咱们教，一定要跟人说清楚了。那天一个学生，说他认识一个人，站马步站了好几年，站得相当好，后来有几个月不练了，再也站不了了，再站就受不了了。咱们这桩站一辈子，只要能站住了，你就能站。咱们有这感觉吧？**只要你能站住了，你就能站桩。咱们这桩不会让你们痛苦，也不痛也不苦。**

高术莫用

有的人说练武不能强身，咱们不要练不能强身的武，咱们要练能强身的武，咱们也叫武，也属于武功的范畴。虽然说是内家功，内家功也是有实战意义。看到《逝去的武林》，那本书写得很不错，头一本写得很不错。第二本是《高术莫用》，真正练到极高的时候，还真是不能打人。你要打人就容易出危险。但是咱们要会，因为练的内家功也是传统功夫里边一个重要部分，技击算非常重要的部分。所以不能养生、不能技击的功夫，是把式，表演用的。咱们这个不但要养生，还要能用，能用不要用，高术莫用。那本书上写得很好，功夫太高了就不能随便用。要是用完了，练了一辈子了，挺好的东西把人打坏了，也不是好事。第四式基本能掌握了吧，我再往下讲到第五式。

桩功第五式，小周天

身形步式如前，手上提，高与肩平，两掌心向里，曲肘、曲腕，肘弯内侧夹角大约 60 度，上臂与躯干夹角约 45 度。松开两肩并向内扣，两肘尖下沉的同时向前撑，意欲将两肘交于正前方。两臂到手全部放松，五指自然松开，微弯曲，内缩劳宫，两手拇指微挑，两掌心正对两边肩头与腋窝的中部。两臂完全放松后，由于两肘下沉和内交，背部也应产生横向牵拉的感觉，故须注意不要向前弓背。

肩膀的角度

第五式的手为什么放到这呢？我一再讲守中。咱们手这样一垂，这是 45 度（上臂和躯干夹角）。现在很多人是这么站——90度（上臂抬到与肩膀平齐）；90 度是不守中，有很多拳法都这样，认为这样有劲儿。咱们一定要垂下来，松下来，这时候是 45 度，守中嘛。守中是最自然的、最正确的。你要是架起来（90度）是僵的，僵住也不对；肋不开（0 度，上臂贴在躯干两侧）也不对。打开以后，这个手，远不盈尺，远不要超过一尺，太远了不行。这样松下来，劳宫对着中府、云门这位置。还要往前撑一点，开

桩功第五式（正面）　　　　　　　桩功第五式（侧面）

一点。所以阳面还是开的,阴面还是闭藏的。中府、云门在肩窝这,就是对着这。

内家小周天

这时候就讲到小周天了。小周天也叫河车搬运。《内经图》里有一个羊拉着车爬山,把脊柱画得像山形,羊拉着车往上走。实际上气沿着脊柱往上行,它画的是外侧;咱们练的内家功法,记住了,要走髓腔,脊柱的空腔,沿着脊髓的腔里往上走。这有什么好处呢?要是走外侧啊,皮里骨外,中医也讲那个地方,导引也是,走那条线,那叫督脉。督脉为阳脉,背为阳,正中线。它走皮里、脊柱外侧,要通三关:第一关尾闾关,第二关夹脊关,第三关玉枕关。这三关从外头走不好通。咱们从髓腔走是管道,管道哪有三关呀?直通啊,只要你管子没堵它就是通的。尾闾关为什么不好通啊?它那个地方疙里疙瘩不平整;夹脊关是凹进去的;玉枕关是凸起来的,它也不好走。你摸摸咱们玉枕骨这后边都有个包,它也不是平的,所以通这三关比较困难一点。你干脆走里边。这是我自己练功的时候突然发现,走里边一下就上去了。上去以后咱不是从原路回啊,咱还是从中线这,呼气的时候降下去。吸气的时候,从髓腔往上一直提上去,这时候要提肛,提一下,用点力,跟第三式差不多,但是意在髓腔里边,一直给它挤到泥丸宫。这时候你没有三关的阻碍,关么,关隘，都是挡住你，才叫关嘛。这没人挡住你吧？一下给它冲上去。呼气的时候往下降，一下沉到海底，然后就形成一个循环。咱们任脉也不走那个骨腔外边、皮里边，咱还是走内侧那个中线下去，这样来得最简洁、最方便。你为了练内家功去设好多关隘，也是很麻烦的事。

为什么过去张三丰创太极拳？他说你打坐的时候很枯燥，练内丹功很枯燥。你要是练练太极呢，一边动一边炼气。他说炼气才能叫内家功。为什么现在练太极拳的不叫内家功了？它只是一个表演，是动作，它也不讲气。因为咱们这有晚班的学员说过，他练太极练了几个月，第一是膝盖不舒服，第二是没有气感。在这站完桩以后再打太极拳，手的感觉特强烈，气感特强。而且他站桩也能出现活子时，非常好，不是一般人都能做到的。所以说方法掌握了以后，能够保证你永远健康，到老年你都是幸福的。生活质量，是靠这个保证的。

你们把这功法掌握了，第五式，叫河车搬运，也叫小周天。小周天是从宋朝开始兴起来的。再后来有些人自己编的什么"中功"啊，什么这气功、那气功啊，那都是"文革"结束以后，牛鬼蛇神自己出来为了骗人用的。说几个新鲜词你也不知道，我说我教你"中功"，什么叫中功啊？但是"中"是不错啊，守中是对的。但是他那中功咱也不知道，反正有好多人练坏了；还有好多功法，没练出神通，反而练出了神经病。

桩功第六式，大周天

身形步式如前，两手掌向正前方推出，掌间距离与肩同宽，曲腕，掌微向上挑，掌背与臂间的夹角大约45度左右。五指自然分开，指微弯曲，虎口撑圆，内缩劳宫、神门向前顶劲。两手高度是食指与肩平齐。臂的弯度大约为150度左右。两肘下沉，同时向前撑，也要有内合之意。两掌推出并不用力，只要意想推至前方极远处就可以了。另外还应注意的是两肘下沉是垂直落地之意，肘尖不可横向上抬，也不可向里或向内裹而形成拐棒肘。

桩功第六式（正面）　　　　　　桩功第六式（侧面）

炼气之说

咱们讲这功法，讲究"神、意、气、形"，气还是要炼。我在厚朴中医学堂教功的时候，讲到炼气。在厚朴的微博上有一人提出不同意见，提到说我在那教功，他说炼气是胡说，没有这么回事，是无稽之谈。其实炼气自古就有，不是从我这才有，只是我接受了老祖宗这些东西。他说炼气是胡说，没有用。这也难怪，他不知道，不知道就用不着炼。有些别的拳种也是，也说炼气没用。但是不要认为没用，炼气太有用了！内家功这四个要素：神、意、气、形，你要不炼气，绝对炼不到"炼神还虚"。炼精化气、炼气化神、炼神还虚，怎么来的？气怎么来的？通过练功培养，你本身自然固有的，你不断在补充，在强化。所说的"寿敝天地"，不是说打破了自然规律，这人永远不死。

形意的"意"

咱们讲的第五式是小周天，第六式就是过去所说的大周天。大周天通的是奇经八脉、十二经脉。但第六式的姿势也是比较简单。第五式啊，我再演示一下，手是自然状态。第六式平着推出去，你看啊，第六式肘一定要沉下来，这两个手跟肩一样宽，也是缩劳宫，重心跟咱们前头五式要求是一模一样的。

第六式要通的什么呀，它走的三阳经三阴经，也走任督脉。

功法讲"神率意、意率气"么，用意来导。为什么说炼气没用？你是不知道什么叫"形意"，不知道什么叫意。你知道什么叫意了，你就能炼气。咱们说到"炼神还虚"，神是什么呀，神率意，我的理解啊，神是心神，君主之官，神明出焉。意是什么，大脑。大脑负责意，心负责神。现在好多人认为意就是神，外国西洋人文化他不认为有神。上回我也念叨念叨，肝神叫什么、肺神叫什么、心神叫什么，这都是有名有姓的，实际上这都是存在的，都是固有的，人人都一样。但人和人的悟性不一样，人的自身条件也不一样。我今天还说，大家都是跟我学，我教一模一样的东西，你们各自掌握的东西都是自身的特点，是吧？也许你在这个方面强一些，他在那个方面强一些，这个很自然，一点儿都不奇怪。为什么？每个人条件都不一样。

刚才我也说了，你们互相之间，你有什么感觉，可以交流交流，但你不要追求。他的感觉跟你的感觉不一定一样。有些人说哪儿能先通，哪儿感觉跳了，但你不一定，你可能是别的地方。像这些东西吧，都是相通的，练法都是一样。我记得特清楚，有一回我们去看师父去，那会儿我大师兄还活着呢，他比我大7岁。他7岁跟他爸学家传的八卦掌，他是梁派的，不是那个梁振甫那派的，单有一个。他说他爸的师父对董海川有恩，董海川单教的他。他的八卦掌也是转圈，我也学了，我跟我大师兄学的。我转了好多日子圈，我觉得瞎转转了也没用，我也不转了。但他里头有些手法有点儿跟我们相似，有些能实用的。他那梁派八卦掌有一式咱们现在一直还沿用着，你看，尚云祥的钻拳吧，有个旋掌，他那个八卦掌也有个旋掌，别的都没有。现在的钻拳他们都是攥着拳往前走。这个旋掌非常有用。

你要把经络练通了，意到气到。好多人看我出手，说："马老师，没看见你运气呀？"伸手就有！为什么？你通了，你运什么气呀？运气是唬人的，电视里表演咬牙瞪眼，哆嗦着。所谓气功断钢板，那是铸铁，脆性材料。真正的钢有低碳钢、中碳钢、高碳钢，用钢砸脑袋非砸死不可，那都是骗人的。表演银枪刺喉，那跟气一点关系没有。枪杆是藤条，两人一弯腰，枪杆大弧度弯曲，对喉部的正压力分解为水平分力和垂直分力两个分力，这就安全了，因为你不懂嘛，所以认为那叫运气。你运什么气呀？伸手就有，意到气到。对不对？那意多快呀，意比火车还快呢，所以你出手比他们都快。

第六式也是用意在导，吸气，吸到下丹田。呼气的时候沿着大腿内侧，从三阴经下去，咱们讲不是"四面"吗，气走的是内侧和外侧。吸气吸到下丹田，呼气往下去，到脚底。再吸气呢，气往上从外侧三阳经上来，然后一直聚到这个长强穴，就是咱们的尾椎骨，大家都知道那叫尾闾，吸到这儿。吸升呼降，呼的时候从阴面下去，吸的时候从阳面上来。上来放到尾椎这儿。这时候你就偷一口气，呼一下，很短促地呼一下，但这会儿也要抱住臀。再吸呢，一直往上提、提、提，还一直吸到大椎这儿，上来，吸升。上来以后，你呼的时候，从这个阳面一直到手梢，手指这个梢都要过来啊，从这手外侧，阳面整个过来。再吸，从那阴面，两臂内侧，一直吸到大椎，还是到大椎，又回到原位。这时候呢，你还得呼一下。呼一下是偷气啊，意念还定在大椎这儿。呼完以后啊再吸，还要抱臀提肛用力一直提到泥丸宫。试一试，我说这过程你看，能感觉到吧？完了再呼的时候一直降到海底，有没有？你们能不能做？

这是一个循环，我再说一遍，你们再试一下啊。吸气到下丹田，呼气沿着内侧三阴经一直到脚底，呼的时候应该是不用力。吸气抱一下臀，提一下肛，把气从外侧三阳经提到尾椎，这时候呼一下气，偷气呼一下。再吸气，提肛抱臀，把气一直通到大椎这儿，这叫吸升，吸气的吸，上升的升。吸到这个大椎这儿，再呼的时候从阳面手三阳经，阳面过来，呼到手梢。再吸呢从内侧阴面再聚到大椎，这时候，再呼气，偷气呼一下。再吸，你还要抱臀提肛，把气提到泥丸宫，这时候，上升到泥丸宫上丹田了。呼气的时候，还按着中脉下去，一直到海底。终点是海底，就聚到那地方。记住了啊，落下来以后落在海底。然后再吸气吸到下丹田，把下丹田吸满了，这是下一个循环的开始。都听明白了吧？第二个循环，还是呼时候降，呼的时候要放松，吸的时候要提要用点力。

百病自消

第六式有什么好处啊，十二经脉、奇经八脉都打通了。为什么我老是说经络不通就要生病嘛，哪有毛病是哪儿不通。有些人说是这边的毛病，他这边感觉特明显过去了。每个人都不一样吧，每个人就是同样的病也不一样，哪个经络的病他也不一样。所以你们把自己的经络都导通了以后，全通了，十二经脉也通了，奇经八脉也通了，你不会生病。这是真实的啊，你们都能做到。因为你们现在都练了四年五年的，是吧？现在练两三年的，以后也都做得到。以后有一些个小毛病，比如过敏之类的，也是通过练功能好的，而且这时候就开始增长功力了。

我讲过，有一个朋友，他是我兰田师叔的徒弟，兰田师叔去世以后，他又学了八卦掌。他学的八卦掌真是与众不同，我见过的八卦掌包括我学的八卦掌是转圈，他师父也是顶尖高手，一圈不转，教徒弟不转圈。上回讲过，站桩手式跟咱们第六式一模一样，脚底下就是咱三体式的步。他就站这一个桩，但他功夫很厉害！为什么？不是你学多少，是你练多少。咱们的功法为什么有选择性？站功八法，如果说我自己都体验一番，哪一个最舒服，可以多站。只有一种，站着不舒服也得站，所以咱们的选择性比较多，其他几式练通了以后，随意随时都可以站。

第六式有不明白的没有？这个路线，应该差不多吧。（大家点头）

刚才说到我的朋友练八卦掌不转圈，这不是很奇怪的事么？但是他功力很大，他拉着直步走，他不转圈。跟我教你们拉着直步走是一模一样的，没有区别。但手是咱们第六式桩的手，脚底下跟咱们一样。所以他就是练一个步，一个桩，就练这一样。我的那个朋友每天练六个小时，一练就是几十年，但是他后来身体不好，是因为什么呢？他站得低，我发现这还是有弊病。为什么我就不让大家站低了，站低了是阳面闭藏了，腿后面也是阳面。

我这个朋友人也特别好，特别实在。那年他的师父周先生带了几个徒弟，在我这朋友家里一块聚，聊天。他的师父跟我聊了一上午，挺投机的。我发现他教的功法不转圈，但是他的功夫据说非常高。

以前在公园教史蒂夫的时候，来了一个人，挺壮实，很强壮，身架比小岳还壮实，有力气。他跟好多大师学过，练了36年，他说他能把别人扔倒了，打出去，把自己说得挺厉害。他跟我试手，我就给了他一手指头，他一撅，我就把他扔出去了，一撅就扔出去，服气了。他说那位周先生也是顶尖高手："年轻时候我跟他推手，沾手我就出去！根本就摸不着人家。"他特服气。我也知道这老先生是很厉害的人，所以他徒弟也很厉害，就是我上面说的好朋友。他就是因为站得比较低，后来身体不大好。

我教那个糖尿病人，这人姓姚，他以前也练站桩，站了好长时间没管用。跟我站了4个月，站直了，最后完全康复了。为什么？你弯就不通么，懂了吧！大周天也是，必须站直了才通。所以我一再强调：站直了！"桩"是直的！你站桩你是"桩"，你要是弯下去，你就不是"桩"了。我站直了，很多人都觉得不以为然，但是记住了，教别人一定要站直了，千万别低了。你得跟人说明白了：桩是什么，桩是直的，你见过弯桩没有？没见过吧，你弯了就错了，这事得给人说通了。咱们的三体式也是站高的，咱不低，微弯。有人站三体式特别低，这个是个弊病，后边闭藏了，阳面闭藏了，自然就不好么。阳面一定要打开，有些人不明白，弯下去他认为腿有劲了，错在什么地方啊？阳面闭藏了，一窝下去打个弯就闭藏了。所以咱们站的这个大周天也是通的，为什么说类风湿也能站好了，风湿也能站好了。这些都不能治的病都能站好了。为什么？你是通畅的，为什么能通？你是直的。所以第六式也是直的，一直站到第八式还是直的。

所以你要练功怎么才能"寿敝天地"？就是我一再强调的"提挈天地"，就这么简单，"把握阴阳"。几个字呀？八个字！怎么才能真正地"提挈天地，把握阴阳"？照我说的做就是。不是我狂妄，为什么敢这么说？我从年轻时，22 岁教拳就明白了，教了 38年，义务教，最后我就觉得成就了自己。因为什么？有舍必有得。后来有人劝我说："您别都教了啊，留点！"我说留点成了旧的了，成陈的了，都扔出去，来新的。来新的多好啊，所以我敢舍。不像所说的"教会徒弟，饿死师父"，现在不是那么回事儿了，把这东西据为己有，违背天意。这些东西不是说谁都能得到，有好多人从师父那学完以后，可宝贵了，想着"我得卖多少钱"。人家挣钱咱们也不反对，人家有钱，叫"损有余而补不足"嘛，这也对，但有些东西弊大于利，包括那些咬牙瞪眼、努气使力、恶狠狠的，这都是错误的。心像水一样，上善若水嘛；形也像水一样，放松下来。第六式,也不要用力。但是你从脊柱往上提的时候,稍微给点力,提点肛就行,腿稍微挺一挺,把它冲到大椎那,再呼的时候就松一下。

往上升的时候提一下，一松一紧，松的时候，让气自然地降下来，紧的时候用意往上提。第六式没什么疑问了吧？再讲第七式。

桩功第七式，周身透空

身形、步式不变，两手掌向上，向两侧分开，腕高与两肩平齐。五指自然放松，微弯曲，直腕，不可丝毫用力，两臂肘尖还是直向下沉，肘部的夹角大约150度左右。两臂不要一字平伸，而是稍向前合，使臂外侧与后背平面成45度左右的夹角，这样才能

桩功第七式（正面）　　　　　桩功第七式（侧面）

使阴阳平衡，合于中道，因此不会感到有什么地方吃力，同时不影响双肩内扣及背部横向和竖向的牵拉。两臂调好后，仍使两肘以意内合，以轻咳验之，两掌直至指尖都出现很强的振动感，说明放松已达到要求。

尽向毛孔散

第三式两手不是在这打开的嘛？第七式两臂上抬，打平了，这个比较累。胳膊也是不要往后背着，要往前收一下，阳面还是开的，阴面还是闭藏的，咱们始终要求阴阳面要分清楚。

这时候有一个形意拳的重要术语，它叫"周身透空"。怎么周身透空啊？你自己啊，闭眼用意在观想：无我，空的，透的。一呼一吸，也是，就没有阻碍，你可以试一下。现在是，一吸一呼，呼也是，从全身都出去。是不是？你吸的时候也是从全身，从劳宫、百会，你这样一吸，还有周身毛孔，跟海绵似的，都吸进来，周身都是空的，透空。呼的时候还是空的，把它散出去。这个就比较简单了，这就把你身体存在的一些不好的东西排出去。你看空气污染、食物污染、水源污染，都是有害物质，用精华之气把糟粕排出去，把有害物质，用意，呼的时候给它散出去。那个《七碗茶诗》不是说，"心中不平事，尽向毛孔散"，咱们这个也从毛孔散，你松下来的时候，整个是空的，呼的时候，它自然往外散。尽向毛孔散，周身透空，毛孔都是空的，所以一吸一呼，没有阻碍，感觉一下。你练到这时候就容易入静了，杂念就特别少了。你想啊，一吸一呼，就跟海绵吸水似的；呼，再挤出去，感觉自己在无限放大，无限在缩小，有这感觉吧？这是我的感觉，你们可能各自的感觉都不同。这个站，应该也是很舒服，但是就是胳膊累点（笑），胳膊这个能熬过去。

前七式，应该是没有什么问题了，这个方法比前头还简单，第七式比第六式简单，要求你做到周身透空，把你所有的不好的东西都要排出去。你要想着大自然的精华之气，无处不有，无处不在，通过你的毛孔聚到你的身上，把那些不好的东西给推出去，呼气的时候给推出去，这就叫周身透空，所以说，咱们炼气炼到这个份上，你再不健康，就说明你没炼，你炼了就健康。

桩功第八式，敛气入骨

身形、步式不变，两臂弯曲，两手掌心向上，两臂与肋间的夹角各为 45 度左右，从肘至腕要与地面垂直，两手如托重物，十指自然弯曲，手腕高度与肩平齐，两手拇指对着两肩，两掌距离稍比肩宽。松肩，沉肘，两肘有内交之意，两手劳宫穴内含。

桩功第八式（正面）　　　　　桩功第八式（侧面）

桩功第八式（45 度侧面）

洗髓

第八式就跟投降似的，第七式的手是打开的嘛，第八式收回来，也不用力，缩劳宫，你哪都不会紧，你要是一使劲吧，这两根筋（小臂内侧）紧一根都不对，也像漂在水里一样，你感觉自己最舒服，一点力都不用的时候就对了。劳宫接天，百会也接天。松下来以后，也是阳面还是开的，阴面还是闭藏的。

吸气的时候你想着，气从百会和劳宫，走骨髓，聚到骨髓，这个百会这也聚到大椎，这个劳宫这也聚到大椎，把大自然精华之气都采过来。呼气的时候，从脊柱往下，沿着脊髓腔一直下到尾椎，再呼，接着呼，一直通过两腿的骨髓，下到脚底，不走了，到脚底就完了，就往下冲。这就是咱们所说的"洗髓"。吸气，这个简单，第七式第八式都比较简单，入劳宫，入百会，吸到大椎这。因为有第四式的功夫，你后边应该有感觉，你呼的时候，沿着脊柱往下，通过髓腔，一直下到尾椎再分开了，也是，分开两股，从腿骨下到脚底下。一吸到大椎，一呼到脚底，体会一下。这个全身都是放松的，全身都放松，不要用力啊，头几次呼吸可能感觉不明显，过一段时间，你呼的时候好像有一股什么东西往下走，应该是有这种感觉，这是差不多都有的感觉。

敛气入骨

你看为什么他们打坐的，站这桩更好呢？打坐盘着腿，有时候时间长了，腿麻，所以站起来站会儿桩，它是通的，通了以后再打坐就不那么麻了，这应该是有好处的。为什么这么说？立也是"禅"嘛，对不对？虽然咱们不是专修那个"禅"的，但它不脱离"禅"。你看练到这个桩上，骨头越来越硬，特结实，本身咱们每个桩法都是对骨头特好，但是最强的还是第八式对骨头好。

八式桩功的选择

咱们这个八式呢，感觉适合自己的，我站哪个最舒服，可以多站，每个人都不一样嘛。你像有人喜欢第五式，他可以多站第五式，这不奇怪啊，因为小周天也很重要，小周天通了以后，也就不会生病了，大周天通了，你就厉害了。这个就是说"神率意、意率气、气率形"，这是用神来指挥你的意，用意来指挥你的气，不是说炼气是瞎说八道，不是，自古就有，这个不是我在瞎编。我是通过古人说的悟出来的。

过去讲双重失灵，你这个桩是不是双重？不是。你虽然双脚站，平步，它不双重。你发现没有？你想挪步，一拧身儿就过来，一转胯，丹田一带，这步就换过来了。马步你蹲下去，你想换一步试试，那叫双重失灵。练拳的都在说双重失灵，你为什么要双重去呢？不能说你是傻子，反正就是比较愚昧吧。我上回讲了，智者千虑，必有一失，他那一失是要命的；我说我这愚者千虑，必有一得，我这一得是正确的。所以说他们那种练法，第一毁自己，第二再毁学生、毁徒弟，都是这么传承下来的。

以前我说过一个事情，之前我有一个师弟，咱们就不说他名字了。他看到十大特异功能发功治病，能挣很多钱，觉得这是个商机。他就花了400块钱学了两期。这是一本万利的事，他就靠发功挣了很多很多钱。后来我俩不再来往了。他跟我师父学了15年，七七年我教一个年轻人已经一年了，他们俩一样大。我师弟又高又壮，比我强壮多了。我那时候还很瘦，我教的那个年轻人才一米六多点的个子。我就诚心想让我师弟从头站桩，他打拳打得很漂亮。后来我教的那个年轻人学了一年打他学15年的，一掌给他扔墙上，脸都给打白了。他心里很生气，但是也开始老老实实跟着我学站桩。我手把手地教了他两年，他功夫也很不错了。后来我师弟去找过某形意拳大师，俩人试过手。那个大师现在教打树，发明一个"砸桩"，怎么砸啊？提起脚跟来，往地下砸。那会儿还有一个徒弟问我能不能练？我就告诉他："你要是想傻就能练，要是不想傻就不用练。"他说："为什么啊？"我说："提起脚跟，往地下砸，直接震大脑。"他一下就明白了。所以你发明这个是害人嘛，这不是老祖宗的东西。

作为你们来讲，一定要把自己练到最正确为止。咱不能说你是最高的，也许你不是最高的，但你是最正确的。因为个人自身条件不一样，有的人能练到顶尖高手，你身体弱一点儿的，你也能相当不错了，但是你能把正确的传授下去，传给别人。**逝去的武林很悲哀，靠你们找回来，靠咱们大家努力**。我现在也想了，有生之年我不能把这东西带走，这不是我自己的私人财产，这是老祖宗留下的东西。因为这些东西都是我从老祖宗那儿得来的，他们要不说，我也悟不到这些东西。

三体式

今天上午一个学员拿来一本《形意拳》，书上讲"胯正身斜"。我就奇怪了，胯正身斜，你怎么能站住了？胯是正的，你身子是斜的，那书上也这么说。他身要是斜的，胯是正的，你自己试一试，你想想，多么痛苦啊！他那不顺么。我教三体式，我是"开式"，也不让你身是正的，也不让你胯是正的，这就是顺，我这是偏过来。"开式"什么意思啊？你要是合的时候,肩和胯合，是斜着的，是交叉的。开是完全打开的，就是顺过来了，一点儿劲儿都不较。所以说一定要放松，达到那个最佳状态，一点儿都不较劲儿。

　　三体式的姿势：两脚对齐以后，先出左步，右脚偏开夹角30度左右，左脚正前方出步一脚半距离。左手和左脚在同一方向，左肘对着左腿膝盖。重心完全移到右腿，臀部和脚后跟坐齐。这是开式，身不要正，胯也不要正，要偏过45度左右。眼睛平视左手的正前方。右手大鱼际放在气海，中指对着曲池。左手小臂稍微向外旋转一点，手腕稍微沉一下，小臂的四面都不受力。如果把掌立得太高，小臂的阳面的筋比较紧，受力了。要放松，像漂在水里一样。要撑虎口，缩劳宫，其他的四指微弯，手指的高度不超过肩。

三体式（正面）　　　　　　　　三体式（侧面）

站桩的时候保持"开"式的姿势，不要像有些人所说的"胯正身斜"。这里也没有"屈膝折腰"，后腿是微弯，有一个往上挺的劲。这时候全身都是放松的。膝盖不要使劲往下弯，屈膝、折腰都是错的，一定要顺。

呼吸的时候要开两肋，吸气时两肋开，呼气降丹田下海底，最好往下引到脚底。这样一吸一呼，一开一合。一般要每侧站到一小时以上。

右侧的姿势同样，左手的大鱼际放在气海，保持中指对着曲池，前手手腕微沉，偏过 45 度，沉下 45 度左右，这个角度就是保证小臂四面都不受力，最放松的状态，千万不要努气使力，使劲往上挑。虽然说过去有"羊角掌"，食指往上用力挑，这时小臂阳面的肌肉是紧张的，对身体没有好处。右手对着右脚，右肘对着右膝，重心移到后腿。此时虽然体重大部分都在后腿上，但腿不是很弯，膝盖不会受伤。委中大筋有往上挺的感觉就对了。

第七章
身形应当似水流

动功，完美的运动

动态守中，四面力生

这动功八式完全是咱们自己的东西。动功八式也得配合着呼吸，因为你练功不炼气啊，就跟做操没什么区别。咱们讲动功"合、进、开、退"，这个非常重要。

咱们这个动功的步式怎么开步啊？一般像练拳，过去都是，不管有没有道理啊，它这么规定的，都是左脚先出。咱们是两脚并齐了以后，找一个固定方向，正北也好、正南也好。左脚是正的，一点儿都不要偏，对着正方向，右脚脚后跟为轴，横着往外开出，两脚的夹角30度就行。大概从中线算，从右脚中线算到左脚中线夹角基本上45度，内侧算基本上30度。这时候也叫守中嘛。你要是中线过了45度，那你的膝盖是拧的。咱们一切都要顺，不要逆。这样你站桩的时候、做动功的时候膝盖不会受伤害。右脚偏开以后，左脚向正前方移出多长啊？根据个人自己的身材比例，向前移出一脚半的距离。从脚后跟算，从后脚的脚后跟到前脚的脚后跟，是一脚半的距离。咱们说脚有大有小，有45号的，有38号的，这没关系，你自己调整。站开了特舒服，也不觉着够得慌，也不觉得太紧。这时候左脚在前头，右脚在后头，前脚是虚的，你的重心完全坐到后腿上，后腿微弯，臀部与后脚跟对齐。要保证你的后背跟地是垂直的。你的轴线也要做到跟站桩一样，这个轴线也是过地心。

动功腿上的动作是"合、进、开、退"。怎么叫"合"呢？后脚是支撑脚，前脚是你左脚，胯往左转为"合"。转多少度呢，大概也就45度左右吧。咱们胯的活动有个限度，要是超过胯的活动范围就拧腰了。我一再强调"转胯不拧腰"。腰为主宰嘛，主宰就不能说乱动乱拧。你看有很多练拳的去涮腰，使劲扭那腰，往往把腰扭坏了。脊柱要上下一条线，不能瞎拧也不能转，转就转在胯上。用什么来带啊？用中丹田气带着转。我建议大家多练第二式桩功，培养中丹田气。因为下丹田气蓄了以后吧，中丹田能横开。这时候你带着胯转，往左转是"合"，完全用意放在中丹田。这时候前脚是虚的，你能感觉到。"合"满了以后，前脚的外侧踩实了，内侧虚了。咱们这个所谓虚就是不要离开地就行，感觉脚内侧是虚的；外侧实的，越往脚后跟越实。

这时候，你"合"满了以后，后腿往前蹬劲，后腿膝盖用意往前顶点劲儿。前腿呢也膝盖往前顶，就是用意啊。顶到什么程度为止呢？你原来重心全在右腿上，你推到前面去以后，你的前腿小腿跟地垂直了就行了，不要过。为什么呢？你要是过了以后就往前够了，容易丢，那叫"丢"。这时候呢，你这就踩实了。力完全移到前腿以后吧，后脚现在蹬直了。这一屈一伸吧，让腿的屈伸增加你的膝关节的活动幅度。一屈一伸，也能增加它的关节液的分泌。是吧？这种微屈微伸，它不说大屈大伸啊，咱腿也是保证微弯的状态。这时候你不是固定不动，如果这个弯度固定以后它就开始伤膝盖了。你在屈伸过程中是活动开了，增加它的血液循环，还是有好处。而且你频率不是特高，一屈一伸，一开一合，一进一退，"合、进、开、退"。

这时候你进到前腿小腿跟地垂直以后，开始往外"开"。"开"是什么？往右转。也是用中丹田的气往右带。"神率意、意率气、气率形"，这叫"气率形"。拿中丹田气横着往右带，这时候不进不退。带过来以后，完全打开以后，整个全顺了。这时候也是不要拧腰。

接下来是往后"退"。前脚往后稍微"点"点儿劲往后退，完全退到后脚上。"合、进、开、退"，这一个循环完成了。

你看再做第二个循环也是。往左转为"合"，往前推为"进"，往右转为"开"，往后为"退"，这就是完成一个循环。这时候你要数着数做，为什么啊？心能静下来，因为他们有打坐的时候静不下来，他就数息。这也是，做一个循环数一次；比如做100次，"合、进、开、退"做100次。手上没动作也没关系，先把腿上的先练出来。

　　左边做完以后再换过来做右边。咱们中国功夫讲究的是：不是一边做，两边都要做，对称，"阴阳"要平衡嘛。同样的，两脚并齐以后，左脚尖向外，分出30度左右，从中线算，右脚往前进一脚半的距离，你踩住了以后，重心在后腿上。这时你开始再做：往右转为"合"；后腿往前蹬，前腿往前顶，这为"进"；往左转，为"开"；开了以后再往后"退"，重心再移。这一虚一实，一屈一伸，就分出阴阳来了。

　　"合、进"的时候，前脚的受力的范围是在什么地方？从脚跟往前挪，挪到脚的外侧，脚的外侧实了，往前移，移到前脚的前端，这会儿就到头了，这就合于八卦，它是一个变数，一左一右，是吧？你再退回来的时候，脚的内侧外侧，就叫阴极阳生，阳极阴生。左脚外侧实的时候，右脚内侧实，右脚外侧实的时候，左脚内侧实。一虚一实，这就是合于阴阳，合于道。你看咱们脚底的曲线，脚的内弧度，内弯曲，相似于太极图里的内曲线，有点像，虽然不那么平均，但是有那么点意思。脚底下转起来，它就合于八卦，是个变数，永远不停地，左实右虚、右实左虚，进退都反映出来虚实的变化，是永远不停顿。这是在动态中，你找这个平衡，这个对练腿的四面劲有很好的帮助。我一再强调，这腿要是没有四面劲，那都是错的。有好多人，练一辈子了，腿已经做了手术了，还往下蹲呢，还蹲得特别低呢，这就是没有智慧。

合   进

动功第一式分解动作

开   退

动功第一式分解动作

四象八卦

背为阳，腹为阴，这为两仪，腿是"太阳、少阳、太阴、少阴"，为"四象"，脚底下就是"八卦"。我大概提过"八卦"，它是个变数。"八卦"它有定数、有变数，你在动态中，它是个变数，叫"阴极阳生，阳极阴生"，这时候才合于"太极"。

我听他们讲过，杨禹廷讲课的时候，他讲得特别细，说这个一出步，脚落地，脚什么地方先着地，然后哪个脚趾头，什么一、二、三、四、五落地都是有顺序的。杨禹廷也是咱们这个门派的，练吴式太极的，也是我的一个师伯，他是王茂斋的徒弟。杨禹廷有一个学生，这个人姓王，我上回讲过一次，每次杨禹廷讲完课，他都回家追记笔记，记了三大本。他是非常用功、非常用心地练，你看他能做这么详细的记录，你想他的功夫应该很好吧？他跟着几个大师练了36年，咱们不说人家大师的名字，说了不太礼貌。他跟某大师学了擒拿，跟某个大师学了推手，跟某个大师学了陈式太极，他自己说他的功夫非常好。我听他说完了以后，我跟他说："你不是擒拿厉害吗？我给你一个手指头，你拿我吧。"因为我心里有底。他在我跟前一站，我能感觉到他的场非常弱。我给他一个手指头，他拿着就使劲一窝，我一挑就打起来了，就把他扔出去了。他不信！又一回，又一回，都是给他扔出去。最后，他服气了，他要跟我学，但只学五行拳。我说，你看你学那么多东西，你要是细分起来，你脚一落地，哪个脚趾头什么一、二、三、四、五落地都是有顺序的，胳膊是怎么着，头是怎么着，你说得非常详细，谁也练不了。我讲的就这么简单："合、进、开、退"，全包括了。你干吗还分那个大脚趾、小脚趾，分它干什么呀，只要你转开了，丹田气转开了，就完全合于八卦，你干吗去数脚趾头去，所以咱们的精髓在这个地方。

为什么咱们说两仪、四象、八卦？咱们做动功合、进、开、退的时候，两仪、四象、八卦都体现出来了。**合、进、开、退，合为阴，进为阳，开为阳，退为阴。吸气为阴，呼气为阳，**这东西要这么简单讲，谁都能掌握。咱们脚在合、进、开、退的过程中，脚的变化是阴极阳生的一种变化，合、进的时候，前脚的外侧、从后面往前是顺着圆周往前转，转到最后、你再开退的时候，又顺着内侧往后、往里转，后脚是正相反，这才体现出八卦，它是个变数，这就叫阴极阳生、阳极阴生。

合　　　　　　　　进

动功足底重心变化（以左脚在前为例）

开 退

动功足底重心变化（以左脚在前为例）

千斤力

咱们腿的力量为什么这么强大？咱们是"虚实、实虚"都不停地在变化。你遇上对手，力到了，我有千斤力顶得住，当然说不丢不顶，咱不是顶的，咱们松下来。弓步那叫顶，你看电视里，某大师展示功夫，几个人排着队都推不动，他是弓步站着让人推，弓步那叫顶，那叫拱，跟牛似的，那不叫功夫，那叫蒙人的。你这么顶着，人家横着扒拉，你不倒才怪呢，在厚朴中医学堂的时候，我这么站着，三个日本人，中间一个，两边一边一个。他们同时叫唤，我不知道他们嚷嚷着什么，仨人一块儿推，我一步都不退。你想那些日本人挺年轻的，他后来也服气嘛。中间一个，是跟我学过的，两边那两个是他的朋友，不相信。在中间儿推我的那个，他信，他推过我。后来仨人一块儿。它不像电视里演的，排着队推。在我左肩膀一个，右肩膀一个，三个人劲儿一点没浪费，全放我身上。我就是腿上"委中大筋"这个劲儿，所以咱们有千斤力，咱们还能做到四两拨千斤。这个是很难做到。所以练咱们这个功，不要求你用力，但你要练出这个千斤力来，千斤的内力。当然说咱们这个力就是这么形成的啊，从正确的功法得来的。

我为什么要把这些东西都说出来，因为现在练伤的人很多，"练武不能强身"，说这个话是错误的。**练武应该是强身，一定要强身，所以我讲这个动功，不但强身，而且实用。**你看，"合、进、开、退"，它这个阴阳劲儿在不停地变化，"阴极阳生，阳极阴生"，合于"太极"，就合于"八卦"。你看，这"合"的时候，重心完全在后腿的时候，后脚跟完全是实的，你往前"合进"的时候，这个身形，这个角度啊，平着往前推，不要变，不要说一边进，一边开，不对，平着往前进，一点儿角度都不变。进到前面了，小腿跟地垂直了，就行了，不要过了。你再过了膝盖、过了脚尖，它容易丢，你踩不住，前脚踩不实。你看，就到这个时候，是最稳定的状态，我一再要求你要过地心，小腿一定要跟地垂直。千万不要以为自己有劲，往前顶一顶，膝盖往前一顶，都过了脚尖了，那会儿你小腿跟地是倾斜的，是错的。我要求一定要是，不管你的整体也好，局部也好，一定要过地心，只要是钉在地心上就是最稳定的。这是咱们的要求，这不麻烦，不难做。你看，"合进"，你感到进到头了，重心跑到前脚以后吧，后脚虚了，这会儿你"开"，你看因为你左脚在前面，"开"的时候你往右转为开。

咱们说"三体式"的步也是，为什么咱们是"百会"跟"会阴"要过地心，要垂直地，腿虽然一前一后，你不可能两个腿都垂直，做不到。当然这个前面的小腿也是，不要说往前顶得太厉害，它有一点点儿弯，当然它也是一个斜坡，不是说垂直的到地面上。后腿，你臀部要垂直，跟后脚跟是齐的，这时候腿虽然不太弯吧，它也稍微吃点力，练后腿的劲。

足底按摩

咱们也都看过中医足底按摩那个脚的模型，有的位置对应着肝，有的位置对应着肺，脚后侧对应着肾、膀胱、生殖器等等，这都和肾气有关。为什么说咱们站桩补肾、补先天是最有效的，见效最快的？你看"合、进、开、退"也是，就是强化你脚后侧的力，阳面的力嘛。所以说你看骨质疏松，还有一个不好的吗？不可能。把这个"合、进、开、退"搞清楚了，手上动作先不管。你在转起来以后，脚底下哪个部位没跟地接触过？这不就是足底按摩那种方法吗？你自己做多好啊，不用找医生去。找医生你还得把脚洗干净了，你这不洗脚也能做。这就是说，你自己在地上揉，揉、揉、揉，照样养生嘛。咱们说练武一定要养生，不养生的功别练。所以咱们练这个，你这么转起来是不是也没有成本，什么都不用，你找医生，搓两下就管你要不少钱。咱们这个自己在地上多揉一会儿，每天站完桩，就可以转个十分钟。我记得一个学员，他动功每天一边一个小时，他觉得非常舒服；他站桩也是，一站桩就是两小时，动功也是两小时，他越练越高兴，为什么呢？完全放松下来了。形也松了，神也松了，病也好了，他也不痛苦了。所以说刚才说了，枯燥、乏味、无聊啊，是开始阶段，你们一定要熬过去。将来你们教人也是，让他们熬过这个阶段。**你能做到"合、进、开、退"，做对了以后，脚底下特别舒服。你记着啊，用中丹田的气带着"开、合"。**

"神率意，意率气，气率形"嘛。气率形，率你的身形，围着你的轴线。刚才说了，你转起来也是，百会跟会阴的轴线，是你的正中间，你用丹田气带着它"开、合"的时候，胯转的时候，围着轴线转。这时候你看，一是你的"中"也守住了，阴阳也平衡了，脚底下两个阴阳鱼，它是对应的，应该是平衡的，哪个亏了也不行。

原来我举过一个例子，你看咱们挑水，两个水桶，一个满桶，一个没水，这个太痛苦了。阴阳不平衡也是这样，练功也出这种状况。为什么？过去有一个非常有名的功夫电影，里面的和尚练功夫，完全打破自然规律，两个手平举着，一手拎着一个水桶，是木头的，底儿是尖的，胳膊绑把刀，这个电影看过吧？完全违背自然，两肩僵到极点，很痛苦。如果说扔掉一个，更难受，他就歪着身子走了。挑水也是，挑着两个半桶是舒服的，两个满桶也没关系。咱们现在身体弱的，就是相当于两个半桶，就通过功法给你补充，往里填、填、填，满了，阴阳平衡了。你骨头也结实了，髓也满了。髓满不畏寒，咱们讲过，骨髓空的，你就怕冷。这说明你的身体在衰退，这是正常现象，咱们说了，到64岁的时候，人都是这种状况。

无屈膝折腰之苦

我为什么要讲这些呢？我前一段讲过，祖师爷李洛能说过，

"无屈膝折腰之苦"。有些练形意拳的，让你站桩"胯正身斜"。好多人都这么说，胯正身斜，又屈膝又折腰。祖师爷可不是这么说的，他说："无屈膝折腰之苦。"你非得让他屈膝再折腰，那是自虐。咱们不主张那些东西，一定要顺，顺应自然。**咱们活着养生，顺应四季；功法也要顺应自然，咱要合于道。修道比修术要难得多。**你学到正道很难，术是谁都能教。有的人会 10 套拳，20 套拳，30 套拳，有些东西连术都算不上。比如擒拿还算个术，对不对？你出手，我怎么拿你，这还算个术，他有技法。实战的时候，有一点招数，但它不合于道。你看明劲，那些散打也好，技击也好，那都属于术的范畴。一伸腿，别你一下，绊你一个跟头。他们那术怎么用啊？拳打脚踢带摔跤，又搂脖子又抱腰，这是术的范畴。你看擂台上都是这么打。练形意拳的也这么打，练太极拳的也这么打。一上台，你也不知道他练什么的。

真正的高手，你看那个郭云深和董海川，他们两个人就对着，你看着我，我看着你，就好长时间，没动手，最后他们两个就觉得是个平手。为什么呢？真正的高手，没有说打得鼻青脸肿，你一拳我一脚的，我踢你一下，你抓我一把，没有那样的。伸手就能见分晓。说《高术莫用》(《逝去的武林》系列第二本)，确实是高术莫用，他出手就伤人。所以真正的高手，两个人基本上不动手，站在那里感觉一下就行了。有些人说一打，打一个多小时，那体力也受不了，一般打三分钟就喘得要命了。所以说，一打，打一个多小时，那是瞎说的。真正你有那个内力，真打的话你用不了一个小时。推手当然推一个小时没问题。咱们这的人也是，推手推一个小时不喘，有很多能做到的。真正说像他们那个，明劲打一个小时，不可能。像咱们打人不用一小时，就一伸手，就一下。这可以做到，不是说吹牛，你得练对了。

神受神攻

今天上午跟他们说嘛，有些人练错了、练伤了，到最后得再往回找，就困难了。那会儿我跟他们开玩笑，我说："你啊，练10年是负10，练20年是负20，你再跟我来学，回到0位，才能往上长。"确实是，他们都是负数，越练越糟糕，到最后，再往回追来不及了，只能说从头来，从头来还得把那些舍掉了。这是为什么？他们就是认为啊，越苦越好。到我这儿，我坚决反对苦，一定要是一种享受，我在这儿站桩我是享受，干吗要痛苦啊，就像以前认为越穷越光荣一样，对不对？所以说，你看你们在家教老人的时候，教朋友的时候，他的腰特硬的时候，你让他靠着站，这个方法非常不错。这样呢，督脉也能调直了，也达到养生的目的了，而且以后，他再站一段时间，他离开也能站了，他内功也练成了。咱们教的桩功都是真正的内功，不是我自我标榜。因为什么？我可以自我证明一下，对吧。你看那个厚朴中医班一期的那个，咱们不用说名字，姓崔吧。他就是练散打的，他觉得他挺傲气，主动找我挑战，后来他服气了吧，也苦下功夫站了两年。

后来他又跟我说:"马老师,您再拍我两下。"这个我就不是用明劲,也不是用暗劲。我在一点儿劲不用的情况下,我手往他脸上一放,他拿手一架,轻轻地点了他那么几下,这是周六中午一点那个课的时候。第二天上午的课,他见着我就说:"马老师,您昨天拍我那两下,我这下午上课,腿肚子哆嗦了一下午。"

这就是说:"神受神攻,神伤而怯于心。"我为什么说那回号称打遍北京没敌手的那个人,我眼睛看他眼睛,把手抬起来,他扭头就给我一个后背。这就是说啊,你能练到神受神攻,不是不可能。神伤而怯于心嘛,他觉着特恐惧了。原来早期有个人,我也没收他做徒弟。他是练少林的,拳头关节打的全是小瘊子。后来他妈就不让他练,为什么呢?他说还得用藏红花什么的药泡这个手,他们家可能有点钱吧,那么花也不行。他师父就是教少林功嘛,让他打石头,结果手打的全是瘊子。后来到我这以后吧,他跟我学,他妈一再跟我说,别教他,别教他,说不能让他练,他脾气不好。她说:"练功夫练武术的,没好人。"我说:"哎哟,您要这么说,我就不能教了。"后来他再去,我没再教他。这孩子很聪明,没再教他以后,他知道了,去学别的拳了。学了五年,他又回来了,说:"我还得跟您学。"他说他爸他妈都去美国了。我说:"那没人管你了,你学吧。"从那以后,学了五行拳。他站桩站三体式,一边一个小时,很轻松的,因为他功夫下得大。他说:"我为什么又回来跟您学啊?"他跟他师父学了五年别的拳吧,"我跟他对打,我打不过他,但是我一点儿不怕，我跟您要动手，您把手一抬，我后背发冷，我觉得特别可怕。所以还得学您这东西。"不用打人，是吧，学完就不用打，你干吗费那个劲儿啊。

所以练到什么程度，我原来讲过：明劲、暗劲、化劲。到化劲不是不可能，是没找对方法。有些人说，到了 50 岁就不能再推手啦，他是方法不对。上次讲了嘛，那邓钟山 97 岁，还能打死人呢，这叫内家功。内家功有没有？是真有，不是小说，这是历史有记载的。你看姬龙峰创心意拳，那是真正的内家功。咱们的祖师爷李洛能，是真正的内家功。

李洛能为什么号称"神拳李老农"？原来记载过这么一段儿小故事啊，有一个武状元，在后背给他一拳，李洛能一扭身，这个武状元一下飞起来了，他觉得特别可怕，不知道为什么。后来李洛能得一外号叫"神拳李老农"。这有记载的。这故事不管是真的假的吧，就说明他那会儿岁数挺大的，功夫还照样。上回还讲过，王宗岳《太极拳论》也讲过"耄耋之年，尚可御敌"嘛。这句话说得很清楚，耄耋是什么，八九十岁的人，都能把人打飞了，这个不奇怪。所以练到什么程度，才是对的？原来有病，你练好了。如果是错的吧，原来没病，你练坏了，练出病来了。

忧患武林，悲悯后生

所以说咱们练，要有智慧，是不是？也得有缘分。我不是上回说过嘛，在外头讲课，我说你看啊，你们这儿，十个人，有一个人能坚持，我就没白跑，我就没白说。为什么？十个有一个坚持都不大容易啊，是不是？你们自己都感觉到了吧？头三个月特枯燥啊，所以你们能熬过到现在来，说明你们是比他们都有智慧。有些人一站就说"这个没用，跟傻子似的"。确实，没有观赏性，但我为什么要一再强调，让你们好好学啊？把这个东西要传下去。因为现在遍地都是错的，是吧？我这样一说，好像打击面太大了，但是这个是我看着有点着急。因为人都学错的，还挺美，唉，现在形意拳打树去了，拿胳膊打树。

内家拳就没有这个功法，原来最早开始打树的是姓高的一个人，是"子"辈的啊，咱不说名字，因为是老前辈嘛。他开始打树，他能拿后背撞得树叶哗哗直响。按说挺厉害的吧，结果练大成的一个人，也是跟我成了朋友的那个人，他去了，他一拳给人打一四脚朝天。我说："你干吗打人家？"他说："他吹牛啊。"你想想那个力量很大，肩膀撞树，后背撞树，让我撞我不敢撞，我怕把我撞肿了我受不了。他撞这个也是功夫啊，也得下功夫，但是不能用，是吧？

上回，有个电视台做了一个节目，一个黑老外，一个白老外，俩老外跟师父在台上做节目。主持人说，"上来一个小伙子试试"。结果真上来一小伙子。"甭试，"白老外说了，"你跟我磕磕胳膊吧。"两人就磕胳膊，磕完了以后，那个小伙子说："哎哟，你这个胳膊真硬。"磕不过他，后来主持人就问："你怎么练的？""打树啊。"你看，在电视里这么说，打树。这误导人太多了，那树招你惹你了？树不能打，你打那个死物和打人是两码事。没办法了，他可能实在是黔驴技穷了，所以才说打树吧，教徒弟没有可教了。

咱们在外面练，肯定有很多人看了都会说"不对，你这站这么高，练不出功夫来"，很多人都这么说。你们不要听他们的，因为只有咱们**站直桩才是对的，站屈膝桩的全是错的**！为什么呢？阳面闭藏了，委中大筋为阳面，太阳，你弯下去就是闭藏，直起来就是打开。要站得舒服才对了，而且身体还能强壮起来。咱们看史蒂夫就能看出来，他站三体式站到 4 个月的时候，就能够站 2 个小时 47 分钟了，一边啊。他因为身体练毁了以后吧，真下功夫，他身体现在一百八九十斤了，多壮实！原来也就一百三十来斤，又黄又瘦，跟毛猴子似的。毛还那么多，但胳膊细啊，就显得毛比现在多；胳膊一粗就显得少了，面积大了，稀了，但是那会儿就特惨。

所以说这东西，不是说什么八段、九段也好，什么国家级的终身成就武术家也好，顶级大师也好，这只是个虚名。咱不是说嫉妒人家啊，我从来不嫉妒他们，那名气也是人家有这福报，挣下来的，骗出来的也行，花钱买的也行。我没这名，我没这福报，但是跟你们有缘，你们走到我这儿，我就好好教你们。你们信我是对我一种尊重，互相尊重嘛，所以我愿意把这东西让你们往下传播。现在我徒弟也不少了，也是一股力量。你们一人再教十个，就是好几百人了。我下边准备还要再收一次，把这东西让更多人传播，但是我现在不着急收了。一开始每年收一批是咱们一股力量，咱们也考验三年了，以后也许考验五年、十年；二十年没准儿我就不在了，也考验不着了。希望你们再考验，不要随便收徒弟。徒弟他有义务，不只是供养师父，你们是要传承，因为咱们跟别人不一样。

曾经有人跟我说过，某大师收的徒弟最便宜，5万块钱，结果被徒弟说成是山寨的，你看这多可怜啊。作为咱们讲，你们绝对不是山寨的，站功八法你们会了，动功八式你们会了，单推手你能给人说明白了，当然在咱们之间你们有高有低，但是到外边我的徒弟里面没有软的，没有弱的。同等年龄或者同等身高体重的你们不会输的，因为咱们的功法真是与众不同，咱们是内力。我给你们出个主意，这不是我冒坏啊，那身体弱的，你先松下来，像水一样，推你像水一样，一会儿他就没劲了，你能把他累死，你再给他推倒了。原来有个练拳的，跟我推手，他先动手，我说："我就让你里手，你随便，连掌带拳都可以。"打到我听他喘得要命了，我说："我该打你了啊。""不行，不能打了。"我说："为什么啊？只能你打我，不能我打你啊？""我没劲了。"我说："你看看啊，像你们，我能累死你再打你。"咱们的功法就可以做到，松下来像水一样。我立于不败之地，这什么道理啊？我先立于不败之地，到时候你一点儿还手能力都没有的时候，你自然就败了。这个咱们的功法能做到，你们如果掌握了，都能做到，一开始不要用全力跟人去搏去，这也是经验，也是功法里要学会的。一开始松下来，这儿空下来。记住了，"离中虚，坎中满"，这儿（胸）一定要空下来，如果挺起来，一掌打中你出去了。空下来稍往里一抱，打上是个斜面，打上他拳也不得劲，手也不得劲，而且你丹田带着胯能转，不受力。这个今天为什么要讲这个呢，咱讲动功做什么呀？单推手、双推手、技击也是用这些东西。

为什么我老说像水一样呢？老子《道德经》里有几处论述到水："天下莫柔弱于水，而攻坚强者莫之能胜，以其无以易之。故弱之胜强，柔之胜刚，天下莫不知，莫能行。"这是老子论述水。好多经典著作，尤其是《孙子兵法》，对水也有几段论述："激水之疾，至于漂石者，势也；鸷鸟之击，至于毁折者，节也。是故善战者，其势险，其节短。势如旷弩，节如发机。"你看水流速度特快的时候，石头都飘起来了。水的力量是无穷无尽的，尤其咱们看海啸的时候，真是无坚不摧。《孙子兵法》还讲："兵形似水""兵无常势，水无常形""若决积水于千仞之溪者，势也。"这就相当于我刚才说的，水在势能极高的时候，在高山上有个湖泊，假如你掘一个口子，水的势能极强极强，那个冲击力相当大。《道德经》说上善若水，《孙子兵法》说在什么状态下，水可以无坚不摧，这就是水的本性。

步法身法精髓——鸡腿龙身

咱们的步法里有两种步法：一个是盘步走；一个是直步——拉着步走。拉着步走，咱们都看见过，两个脚是平行的。往左边合过来以后，重心全移到前脚；重心移到前脚以后，后脚完全虚了，这样把胯一提，用丹田往上带。别去迈步，把中丹田气提起来，把腿提起来，它叫鸡腿龙身。鸡腿，鸡走路是提胯走，不是你模仿鸡去。提胯是有道理的，转起来灵活，不会双重。提起来，拿丹田往右边一带，一落步，踩实了，第二步又开始那么走。

拉步练习（图为右步落下瞬间）

盘步走怎么走？咱们一般还是先出左步。第一步左脚外掰；第二步右脚是内扣；第三步是左脚内扣；第四步的时候，拿丹田气把胯往上一提，一转，往右边一拧身，右脚是一个外掰；然后第五步左脚内扣；第六步右脚内扣，第七步再用丹田一提左腿往左拧，左脚外掰……就这么循环，走起来没完，就盘着走，这个很重要。

原来说过，不是你学多少，而是你练多少。这是精华的东西。

盘步练习（左图为第三步内扣，右图第四步外掰）

盘步步法示意图

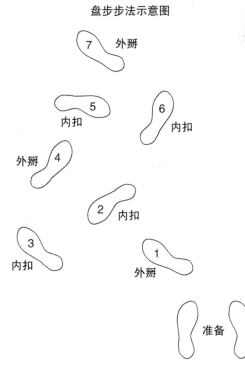

弄一大堆套路，那适合表演，不适合练功。这一式练上千遍万遍的，就精纯了。精纯了，伸手出步就是这个。所以谁能跟你对抗？虽然说打人不文明，但是要会，不一定要用。

身法是什么呀？鸡腿龙身嘛，龙身。我原来教过你们一个功法，就是在太极128式里有一个叫

身法练习，太极 128 式——"地球"

"地球"，原地定步的那个。这个很重要，你别看着很简单，不是学多少，是练多少。这个 128 式我不主张都练，128 式，一个练一遍，时间也很长啊，因为它慢嘛。这一个式子练一万遍，什么劲头儿啊？把这一个式练熟了，比如一边 200，这边 200，这个时候挑起来，用气带起来，咱们出手的速度为什么比别人快那么多？鸡腿龙身你掌握了，出手的力量又从脚上起，速度同样从脚上起，腿上的速度跟丹田横转的速度合在一起，一横一竖，这是复合速度，再加上手的速度，三速合一，所以你比他们快得多，没有人能抢得过你了。这是绝对能做得到的。你们要好好练，10 年下来，都做得到。

宜少不宜多

我为什么要强调这些东西呢？这是必练的，要精纯。咱们练功不要说要学多少，为什么到现在我"十二形"也没怎么说过？有一种从形意拳演变出来的拳种，他们有什么特点呢？五行拳也不练，十二形也不练，杂式捶、四把、八式更甭说了，都不练。据说他们就是原地打"劈、崩、炮"，就是五行拳的"劈、崩、炮"，他们是原地打，这倒是可取。他们站桩也是，站技击桩的时候，他们也直着腿站。但是他们好多人提着脚后跟站，跟咱们正好相反。咱们是重心前三后七，脚后跟占七成力。所以形意拳为什么都怕他们啊？形意拳还往下蹲，还往下低，他们认为低得不够，才打不过人家，不知道是站低了打不了人。我这儿原来教过一个，他原来蹲着站，把椎间盘给站出来了；后来到我这，我让他直着站，他又把椎间盘站回去了。为什么？错了，不但不能用，而且还伤身体。有好多越练越糟糕的。

瑜伽，当然不错了，一听这名字也好，印度的。真瑜伽还是少，我听说瑜伽也炼气，过去瑜伽把气聚到后背，跟咱们完全是相符的。为什么让你们把肘往前撑一撑啊？做动功的时候肘要往前撑，手像漂在水里一样。往前一撑肘，气就上后背。你们有这个感觉吧？所以要把气聚到后背，搁到阳面。气为阳，阳要归到正位，是阳面，搁到背面。所以说"力由足起，气由脊发"。练成正法，你不但健康了，而且还能用。将来人家会的再多，会几十套拳，到你手里跟不会的没有区别，这能做得到。

我基本把那个桩功和动功讲完了。动功就说那个"合、进、开、退"，手上动作也是，随着气"起、落、进、退"，这个东西在文字上不好说，可以看着视频学。

单推手

咱们下边讲推手，只能把单推手的一些东西讲一讲。形意拳原来没有推手，单推双推都没有。原来我跟关师伯学吴式太极那个推手叫"四正手"，横着拐，现在普遍都是横着拐。

第一重劲，钻翻拧裹，劈拳似斧

单推手，完全是动功"合、进、开、退"的步法、身法。三重劲，第一重劲就是劈拳那个，"起、钻、落、翻"。自己单操的时候，起手的时候，手腕收回来，比如起左手，你右手托着左肘，这个右肘贴着肋。这时候你的左肘一定要垂下来,对着膝盖。"落"，翻下来，手对着脚尖，腿上是动功的"合进"；"起"，钻起来，小臂立起来,也跟地垂直，腿上是动功的"开退"；"起钻、落翻"嘛。这是单推手的基本功法，自己单操。这换过手来也是。用最简单的方法。右手在前的时候，左手贴着肋，左手托着肘，也是肘对着膝盖，手对着脚尖。"起、钻、落、翻"，随着"合、进、开、退"要配合好了，这是把第一重劲练会了。

第二重劲，撑沉提卷，气旋难挡

第二重劲啊，开的时候，手是立起来的，小臂跟地垂直的。

我要是往这边合到一半的时候，叫"正胯"，整个合过来就是回来45度，合一半。正胯的时候，手掌往下一翻，一亮，沉手腕，松手腕，沉下来了，掌心向上；原来不是向后嘛，这是正胯的时候，先不要进，这时候，往内旋掌的时候，丹田横着一带，（胯）就是完全合过来了。再开，就是进。这是第二重劲。我许笑羽师爷他教我师父练的钻拳，是内旋掌。（前手）内旋以后，这个（后手）再钻，尚云祥原来练的就是这个。推手第二重劲就是用的这个劲。我关师伯教我的是陈子江教的钻拳。他钻拳是这样的，带回来以后，再往前一推，一是这儿（斩眼睛），一是这儿（斩咽喉）。他这手法叫"望眉斩"。陈子江教的这个，当然他也有他的道理，手法快，切这脖子，一带就进来，也有用。内旋掌也是，这么进手特别有效，尤其是咱们单推手把它用到第二重劲上。这肘的劲沉下来，旋掌的时候要用中丹田的气，横着往这一合的时候，同时旋掌。把丹田气的意，放在神门（穴）这，绕着这往里旋。你看，神门这是固定点吧，你的圆心，绕着它旋，用丹田带着旋。然后再开的时候，打出去这一掌，跟三体式一模一样了，这就是第二重劲。

第三重劲，悬空搓滚，发化随心

第三重劲是什么啊？咱们回来不是开嘛，往前把这手送出去的时候，把它扔出去，现在扔出去是开。你看，上半圆出来了吧，太极图的内曲线上半圆。我说的是右手，这么扔出去；然后你往回

开　　　　　　　　　　　退

单推手分解动作

合的时候，拿丹田往回带的时候，下半圆这么带回来。手就是这么一翻一转，带都是丹田带，上半圆是丹田带，下半圆也是丹田带，不在手上，在丹田。所以这个劲谁能扛？只要你沾上他这旋劲吧，你这手沾上，他自己身体就起来了，脚就离地了。往这一带一拉就起来，这个劲儿你是一点儿都不费力了。这种打法是最轻松的，在技击上也有用，技击怎么用呢？你想想，手腕往这一放，你旋着去嘛，你放他脖子这儿，你再一滚就整个把他提拉起来，特好用。

原来我跟你们讲过，"三张"特能吹啊，大张、二张、三张嘛，加了前缀词，不好听啊，我给他省略了，牛大张、牛二张、牛三张，他们吹得厉害，让他一说"能把人打死"。后来，他那大徒弟跟我那表演，然后三张问我"怎么样"，我说"笨汉练笨拳"嘛。后来，他的师父不干了，给他们俩骂得狗血喷头，把那三张骂急了，跑我这告密来了。我当天去了，我说，"老臭，我打你五个跟头不重

合　　　　　　　　　　　　进

单推手分解动作

样"。太容易了！咱们这全是旋转的，滚动的，谁能扛啊！到现在我都敢说：我这手挂起来，他再沉的手，他绝对不抬手了，他受不了这儿，他的胳膊、骨头也受不了；我还不是说用满了、用十成力。

这个特别好用。因为你看，这个旋转、滚动，你跟那个鞭梢一样，你的腿就跟鞭杆一样。柔软处上，强大处下，上边松下来了，你拿丹田一带起来砸到人身上，那是什么劲头啊？而且你这儿还不疼。为什么不疼？你站桩站的，练动功练的。为什么他们一开始刚学的时候，练推手这儿（指小臂）都青了？气还没炼好呢。这个胳膊青的阶段过去了以后，气也上来了。

咱们这儿一开始把胳膊推青了的也有吧？最明显的是小盖。刚来的时候，他跟我推。推完以后给他的老丈母娘心疼坏了，"哎哟，你伤这么厉害啊，俩胳膊全是青的"。其实就是这么推手推的。后来他练着练着就行了。他老站桩、练动功，你再硌，他也不青了。

所以说啊，"敛气入骨"，你骨头结实了，你别的还有什么问题吗？五脏六腑都健康了。

咱们说脏和腑，脏为阴，腑为阳。腑是叫"实而不满"，这个不好理解，实而不满，它是实的，但是不满。你看尿装满了，装实了必须得尿出去，不然受不了，屎憋得慌必须得排出去。这叫实而不满。所以一定要通畅，二便要通畅。站桩可以保证你这些，便秘也没有，而且对你的肾也好。

我一个街坊，他的表弟一共有七个师兄弟，他的师父教的时候，跟几个徒弟说早上起来不许尿尿："你练出汗来以后，尿从汗里出来，这才长功夫呐。"不知道这师父是跟谁学的。结果他表弟比较贼，他最小嘛，老七，他早上起来先尿完尿。他说："太难受，憋着难受"，他不憋。结果那六个全是肾炎。这个东西有没有根据啊？尿能从汗里出来？膀胱，它过去叫奇恒之腑么，它也是脏腑的一部分。你想想，它这个皮膜密度很高啊，要是跟豆包布似的能渗出来，那人就完了。所以他没有知识，没有智慧，最后六个徒弟得了肾炎。我估计他师父可能也不憋，为什么？他师父没肾炎。这就害人嘛，给你毁了他也不负责任。

内功收式

练完桩功、动功和推手后都要收功。动作是两手平着打开，从体侧向上提，同时吸气开两肋，向上提气，手提到高不过眉、低不过口的位置；呼气时松下来，两手从身体中间向下按，身体重心往后靠，气归到丹田，下到海底（会阴穴）。

收功动作

三节四梢

讲到咱们人体结构，它叫三节四梢，这次主要讲四梢，三节呢，咱们一般练功不分那么细。三节嘛，什么"梢节动、中节追、跟节随"，那你说你怎么随、怎么跟啊？还有好多东西讲到理论上，比如说技击这方面吧，举个简单例子："出手好似虎扑羊，两手只在洞中藏。"这拳经里都有啊；"起如风，落如箭，打倒还嫌慢；起如箭，落如风，追星赶月不放松。"你说这些东西你怎么理解去？还有说："起如举鼎，落如分砖。"说是挺好听的，那鼎还有三足鼎、有四足鼎，你说多复杂？你怎么举啊？举鼎的时候，你得往后仰，你重心往后去了，所以说"起如举鼎"是没有道理的。出手好似虎扑羊，那虎扑羊谁见过啊？现在有电视，在电视里你能看到老虎捕食的时候，但大部分的人都没看过虎扑羊。所以这些东西，不要把它当成重点，因为这些拳经拳谱，每一个门派里面，不管是河北派也好，山西派也好，全有，都是先辈们总结的东西，这么总结下来，难以理解。我讲的东西就是直白，就跟你说白了，就告诉你应该是什么。我教功为什么上功都快呢，我把这些都省略了。

　　讲到这里跟咱们练功有关系。咱们讲"三节"从整体讲，"头为梢节，身为中节，脚为根节"，你要这么细分它意义也不大。你要真是"梢节动、中节追、根节随"，这意义也不大，因为你不好去掌握它。到最后，我简单地讲是什么？你中丹田的气，你一开一合、一进一退，你的手就像鞭子的梢一样，你的身子像鞭杆一样，这做着多简单啊，你打人非常重，你还去追去随去？你追不上随不上，你出手就慢多了。所以咱们讲，这不但在养生上，而且在技击上也有非常重要的作用。

　　现在咱们强调要注重"四梢"的练习，"四梢"是什么呀？"发为血梢，发欲冲冠；舌为肉梢，舌欲摧齿；齿为骨梢，齿欲断筋；爪为筋梢，爪欲透骨"。这个"欲"字在这儿是个关键，想，但是不要用力。"齿欲断筋"，要把牛筋咬断了，你如果用牙使劲地去咬去，牙咬坏了，功也没练出来，那就是练的一种僵劲，拙、僵。"发欲冲冠"，你真的能把帽子顶起来吗？它只是个意念。"舌欲摧齿"，欲是想要把牙顶掉了，真顶掉了也麻烦，也顶不掉，它只是个意念。形意、形意嘛，它这个意念非常重要。"爪欲透骨"，爪包括脚趾和手这个梢节，叫爪，咱们练功的时候，三体式手要微弯，指要扣，意念是扣。脚趾要轻轻抓一下地。你想咱们站那个平步桩的时候，重心在脚的后侧，脚趾自然要扣一下地，但是不要用力去，保持你不往后倒，保持你的轴心、你的中心跟地是垂直的，要过地心。咱们老讲"上接天根，下接地轴"，反复强调这个。所以说四梢是这么练，主要是练意念。

五行拳精义

用气不用力

咱们五行拳打法不一样。你看啊，"起横不见横，落顺不见顺"，咱一落是顺，开式就是顺，明白了吧？胯正身斜就是逆。一落下就是开势，就是顺。咱们如果说动功八式做好了，打这个五行拳应该不成问题。一落步就是顺劲，对吧？咱们横劲在丹田，竖劲在腿。一横一竖，横以济竖，竖以横用。咱们打拳的那个要求是要做到这些东西，不是要求你使力。努气使力，咬牙瞪眼，绝对不允许。

我一再强调嘛，"身形应当似水流"。水怎么样？你要让它上哪儿它就上哪儿，哪儿低上哪儿去。原来我讲过的《孙子兵法》里的一句，"若决积水于千仞之溪者，势也"。这种势能不是谁加给它的，是它自己具备的。你看那水，挺大一水面，弄一石头子扔到里边去，它那个波不会衰减，一直推到岸边。咱打拳也这样，这个劈拳，一吸两呼，吸气的时候，合，开两肋，一定要开两肋，肘往前撑，气往后背聚。是吧？你看咱们都会打吧？不用力只用气，用神率意，意率气，气率形；气率形就不让用力。哎，一吸两呼，一合两开，这是劈拳。

五行道理

崩拳呢，是一吸一呼。你看，崩拳，它不是也顺势嘛，也是开。提起来吸气，从丹田提起来到中脘这，这平的嘛。呼气的时候打出去两个手要交错摩擦。崩拳似箭，这是平拳，这是平头的。它打的是什么？实际上用的时候，千万不要说什么"劈拳破崩拳"，就像电视上教的：那个人在前面崩，跟崩拳打法一样，后头一个人就退着往下劈，他说这个叫劈拳破崩拳。你看李仲轩怎么说的：

"五行拳不是怎么练就怎么用。"五行拳是练的不是用的，所以劈拳破崩拳那是他自己想象的，虽然他是国家级的那个终身成就武术家嘛。咱们说人家也不太礼貌，但你不要去什么破什么，破不了。有这么一个说法，郭云深"半步崩拳打遍天下"，再找一人用劈拳不就把他打了嘛，怎么没有啊？不是那么一回事。所以别相信那些大师们的那些瞎说，是吧？劈拳是属金，金克木。崩拳是属木，崩拳似箭，属木。他说劈拳是金克木。横拳是土嘛，那木克土，崩拳就可以克横拳（笑），它不是那么回事！千万别受那个影响，那都是牵强附会。

但是说"调五行"是对的。你打也知道，咱们那个劈拳，你看这么出去以后吧，它钻翻拧裹那个劲上去，为什么拿这个小鱼际摩擦呢？这是什么？咱们的肺经嘛。摩擦肺经，它对通肺、对肺气有好处，这有它的道理。崩拳它是这么打，它从上面擦，对不对？你看这是手阳明大肠经，它也要摩擦，它摩擦的是经络，所以它摩擦经络末梢，也可以调整你的那个手阳明大肠经嘛。那个大肠经在这边，商阳、二间、三间、合谷、阳溪、偏历、温溜这么上去的，经络末梢应该多刺激它。假如肺经有肺寒，多擦擦这（鱼际），把它摩热了，这有道理，它是肺经的末梢嘛。

所以五行练法是有道理的，但什么破什么别受他的影响：一看有人使崩拳崩你了，你就用劈拳往下拍。那劈拳也不那么用啊？你看我把你打飞了，我就使的劈拳（对徒弟说）。我那只手还攥着你呢，就这么一下，多简单啊。我要像打劈拳那么打你们，根本没用。这回我再打你也飞不了了。你现在腿相当有劲了。那会儿刚学嘛，是吧？原来我就说看好你，你这身量要坚持练，练好了，非常厉害。我没说错吧？

炮拳属火，打的时候一定要把这气提起来，气一定要开满两肋，呼的时候一定要把它扔出去。明白了吧？不要拿手去捅去，拿这（中丹田）往外扔。手上不要用力。炮拳就真跟炮似的，一下就扔出去了，劲特别猛，就像炮一样，但不是在胳膊上用力，在腿上，在胯上，丹田带动的。

还有你看，横拳属土嘛，脾土。为什么把气提到这（中丹田），中丹田为脾土嘛。崩拳属木，肝不也在这个位置嘛。吸气一定提到肋这；呼的时候也是，拿丹田把手扔出去，这么扔出去，一甩胯，就是一吸一呼，一合一开。先把这个练法说明白了，完了以后我再带你们练。

我以后还要带你们一块整理整理，等秋天凉快了，打一会儿也不热了。咱们录动功八式的时候，我再带你们打打五行拳。因为五行拳原来有录像，你们再看我本人打又清楚了。你们在场的徒弟们都要去，去了帮你们把五行拳整理了。我为了给你们加深印象，我打的时候肯定会印在你们的脑子里。一开始可能不大容易，现在三年下来了，应该都没问题。

把这个五行拳整理好了，当然那个五行连环练不练也没关系，十二形学不学也没事。还是那句话，**不是你学多少而是你练多少，你一个式练一万遍跟一万个式各练一遍，那绝对不一样。明白了**

吧？所以说把五行拳可以练一练，但是咱们这个练法跟他们不一样在什么地方？他们就是努气使力的练法，要用力，一看挺凶的，吓唬人行。现在打形意拳有点像南拳，咬牙瞪眼的，使足了劲，跟自己干。过去说"三年形意打死人"，结果现在练三年把自己打死了，就是李仲轩在《逝去的武林》里说的，自己跟自己打，玩儿命。要松下来，松松的，把它扔出去，拿气把它扔出去。所以你看，看起来那个力特整特整的，劲也特猛，但是不用力，还是那句话：用气不用力。

 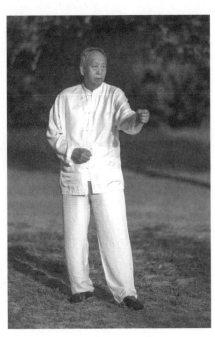

五行拳——劈拳（三体式）　　　　　　五行拳——崩拳

五行拳——崩拳转身："狸猫上树"

五行拳——钻拳

五行拳——炮拳

五行拳——横拳

图 1

图 2

图 3

图 4

技击手法一

图 1

图 2

图 3

图 4

技击手法二

第八章
持善法以利众生

先明理，再生信

　　为什么说尿酸值能降下来？（对在座的某学员说）你看你现在敢吃点肉了。（学员："对。"）不站桩你也不敢吃，所以你站桩以后大口吃也没事了。（学员笑："现在吃得有点多。"）是吧？你站桩吧，要你多站吧，你听我的，如果说你没好，那你是没站。一定要站，天天站。要拿它当回事，你三个月下来，再学第二式就好学了。你这个没问题，我看你也挺喜欢的。你看小张这儿跟了我三年半了，你这才刚开始。（学员："我每天都站。"）你上回说你就信他，你说："我信小张的，他说好，我就信。"

　　这东西就是说你先要有信心，先要生起信心来，要信，然后才去做去。是吧？一开始你怀疑我，你可能说："哎哟，这行吗？这个？"所以说你来了，我给你们讲，我能给你们忽悠得让你们信我（笑）。为什么呢？我能讲出道理来。今儿上午来一人也是，问为什么不能蹲下去？我就说："你来学什么？""学站桩。"我说：

"你要站桩，你就是桩啊，桩是直的。还是弯的？"大家都知道嘛，桩都是直的，对不对？什么叫桩啊？往地下钉的。桩一般就是说工程上用的时候，往地下钉的那叫桩。没有一个带弯的，带弯的挑出来不用。对不对？钉钉子也是，钉子要是有点弯，你一砸，就从这儿弯，它绝对钉不进去。人也是。你看咱们人都有重量吧，膝盖以下，两个小腿没多沉，一条腿十斤吧，就往多里说。你一百八十斤，下边二十斤，上边一百六十斤。一百六十斤，你这个力量，就相当于锤子击打的力量，砸在钉子的弯上一样，受力受在膝盖上，完全错了。

你看我现在讲，能给你们忽悠明白了吧？这个你们都绝对相信我。所以说你要跟人讲，让人能接受这个，也得给人说明白了，为什么不能弯。晚班里有一个学员，之前学了一半某种太极，他说他就膝盖疼。学这种太极的都膝盖疼，没有不疼的。要不疼，是因为他没好好练，是好好练的，都疼。对了，你练过这个太极（对某在场学员说），你膝盖没往下蹲吧？（学员笑："我偷懒。"）偷懒对，你聪明，就得懒。你看我这个桩就是懒人练的，它不痛苦，让你舒服，怎么舒服怎么站，对不对？所以说懒未必是坏事。

惜时惜缘，踏实练功

在座的都是跟我学的，绝对是有高有低，有练得特别好的。

咱们这儿不是特厉害的，在外头也比别人厉害。为什么？包括外国人也好、中国人也好，我要教半年，都比他们练二三十年的强。还是女生，小何不是就可以做一个证明嘛。功夫要是练错了，时间回不来了。花了学费，可以再挣回来。你的时间，要是几十年耽误了，那真是太可悲了。我不是说你们都得学我的，当然学我也有挺痛苦的，可以不学。你们在座的肯定要学。我在外头讲课讲了很多，有几个练的？没几个，确实没几个。在正安（正安中医）也是，特积极，报名的特别多，还有报不上名的，真正练的也没几个。为什么呢？不是东西好，就谁都能接受。

举个例子，说这个东西好吃，但有的人不吃，吃了就恶心，吃了就吐。纯吃素的人吃点肉他就恶心。就跟说喝豆汁似的，有的人喝着特香，我喝着就恶心。这就是什么？适合自己是最好的。不用说什么最好，没有最好的。要说功夫什么最好？真正的内家功是最好的。当然你如果不练，也不是。练的时候就按照这个一步一步地走，从初级阶段到中级阶段一直到高级阶段。上回他们也说过这么一句话："你学东西，积累一万个小时，那你能达到顶峰。"这话有道理。我原来一再说嘛：三年一小成，十年一大成。算了一下数：一天 3 个小时，十年正好 1 万个小时。你画画也好，唱歌也好，一些艺术也好，技术也好，真正能积累到一万个小时，确实能达到大成。当然这个得是练对了啊。

那会儿形意拳高手都没了以后，形意拳一落千丈。形意拳是咱们老祖宗留下来的宝贵的非物质文化遗产，应该把它看这么高。

如果在咱们这代给毁干净了，也去打树去了，也去折跟头劈叉去了，这东西也太可悲了。所以你们任重而道远，你们都还年轻嘛，我现在70多岁了。靠谁？靠你们。这个功法什么年龄练都不晚，确实是。男女老少都可以练吧，咱们祖师爷说的。现在咱们这最大的多大？（某学员举手）还有比你大的，美国那夫妻俩，一个属虎，一个是属什么的？属龙是吧？都50多岁了，54岁了。你49岁，你还年轻（笑）。像这东西，内家功不让你练肌肉，还不让你用劲。让你感觉一点劲都不用才是对的。我老说，身形应当似水流，水都冻成冰似的就是僵的。我看你好像瘦点了似的。（学员笑："体重没变。"）看着你像是紧实了。（学员："所有人都说，觉得我瘦了。"）是，看得出来，因为你来的时候不这样。你看这东西吧，不是说减多少分量；而是说，你减肥，把脂肪练没了，骨密度提高了。你的身上紧实了，所以说就瘦下来了。但是你分量不一定减，这就是健康嘛。

虚胖囊肿的发面和死面就是不一样。你看咱们说瓷实了，这就健康了。骨密度高了。你看，现在骨密度是一过了40岁就往下走。你看现在小叶在这，小叶现在四十几？42岁吧？属猪的。（小叶："我都44岁啦。"）哦，44岁了。你练的时候是34岁，是不是受益匪浅？你可以说证明一下。（小叶："就是您说的嘛，要是不练，早就糖尿病了。"）肯定是糖尿病，你吃的东西本来你代谢不了，你没这功能。所以说你吃完了，它可以化气，成了你的营养，所以你就更健康了。

但是必须说，这是规律，原来讲过："人过四十，天过午"，老话这么说，这话非常有道理。你们现在是过了 40 岁了，过了中午了，就像太阳过了中午了。我现在日薄西山了，就靠你们了。我说的意思是你们一定要拿它当回事。要好好练。为什么？有些人得到太容易，他不一定珍惜。你们要把这个当成自己的义务来传播，替师父传播。因为师父这个东西也不能据为己有，那天一个学员说，有一个教形意的，在广州教五行拳，教一个式要一万。咱不忌妒人家啊。你要 10 万也没关系，反正我也不给他，你们也不给他。所以这个东西吧，人的消费心理是，你要得越多，他认为你这个功夫越好，往往就是这样。

史蒂夫的一个美国朋友，他的师父教他戳脚翻子，也站混元桩，撅着屁股，架着肩膀。肩膀架了一个小时以后，第二天他这地方酸痛，他练不了，第三天再练再架一小时，就这么刻苦。回美国开了一个武馆，他说他师父说得对，得练力气，没力气不行。史蒂夫跟他推手，他就像小鸡子似的，一点儿反抗能力也没有，但他认为他是对的，先入为主。而且他师父收费高，三个月一万五千美金。你想人的消费心理就是：要得越贵，功夫越好。

正法难求，不要保守

讲了半天，咱们的目标就是让大家都掌握这个东西，都越来越健康，让你晚年都幸福，但是不要把这作为自己的东西而保守。为什么这么说？有很多都是特别保守，有的要高价，有的教你假的，有的他本身自己练的也是假的。他不懂，他教不懂的人吧，并不见得是恶意，但是他也收钱，这就不对了。你要是把好东西让更多的人受益，你成就了你自己吧！这么多年，为什么我义务教了38年，后来我有收入是在徐文兵大夫那开始教功的时候，我开始挣课时费的，在这以前，我一分钱没挣过。但是，虽然我过去教的那些人对我有意见，但是我还是成就了我自己，我没放弃。"文革"十年，我就是天天练到十二点，我得带着他们练啊，我是不是成就了我自己？我成就了自己，你们现在跟着我，追随着我，我对你们也有帮助吧，我能帮助你们，我也高兴。希望你们能帮助更多的人，我更高兴了。

正法难求啊，"难遇易成"，正法难遇，容易成。邪法"易遇难成"，遍地都是邪法，你找去吧。不能说一个没见过啊，我上回说过，前面提到过田师兄八卦掌师父姓周，是我见过的高手。我这个田师兄就练一个桩，一个推船桩，拉着步走的那个。我跟你们讲过，他的那个桩法，步是三体式的步，手是咱们第六式的手，他就这一个桩。走步也是拉着走，跟咱们走的一模一样，他手在上面推着走。他就练这两样，他每天练六个小时，他是一个高人。我见过的内力最好的人，除了他，我就没再见过。现在说的那些大师高手，简直就什么也不是。所以说你不要迷信这种形式啊，你看人家没练过转圈，一圈都不会转。所以说要练内家功，内外兼修，再重复一遍，双修，这叫身心双修。现在你们要开始修心了。看见有病的人，他不接受你没关系，但是你要说。不接受没事，那是他个人的缘分。现在咱们有好些身体不好的慢慢自然就恢复了，不知不觉就好了。小岳这个半月板撕裂，不用做手术嘛，史蒂夫也不用做，还有很多必须做手术的不用做了。

所以我建议你们在教给别人的时候，你和他说明白了："我不是为了发财，我是为了把正确的东西传播下去。"现在的人病了多可怜。没病才是最大的福报。五福嘛，这人要是一生不生病，那是最大的福报。你要是家有万金满身都是病，那很痛苦，生活质量也不高。我的意思就是把正确的东西传下去，让更多人健康起来。我为什么要这么说呢？因为我到医院看病人的时候，我心里挺悲哀的。这个人啊，无可救药的时候，求医生的时候把医生当成救世主似的，结果他给你又上抗生素，又上激素，给你毁得一塌糊涂，他就是这么学的。那何为"上工治未病"？动员他好好练练功，他不生病，不比那个好？

法脉永不断，宏愿利众生

所以咱们一定要把这个东西学会了。起码说咱们不练那么多，因为套路练太多了吧，你就没工夫站桩。咱们这推手跟别人不一样的在什么地方？咱们是全身的劲，一直到脚，到腰、腿、后背，手就是一个工具。他们练的就是使胳膊玩命拐，就在那一点。我不是说了嘛，形意拳我们学的时候没有推手，到我这才有。但技击是咱们的强项，推手，我第一重劲还没人能翻过来的，到现在没有。将来你们练的时候有可能你们把第一重劲能翻过来，我就用第二重劲。这个不奇怪，你们肯定行。现在我看在座的都是有兴趣练到最后的，是不是？所以说，新来的小刘我看你也上瘾了，还行吧？（学员笑："是"）不痛苦是吧？将来你们都练成高手啊，我不是骄傲啊，祖师爷有八大弟子四大金刚，我想有十八大弟子，我还不知足，我得多教出点来（笑）。包括你们再发展一些可造之才啊。能接受这东西，而且人品还

马世琦先生七十寿辰与众弟子及学员合影（2013 年）

得好的，可以发展。你们将来到了一定年龄，也可以收徒弟，现在你们得再练几年再收，我得帮你们把关。没有徒弟不行啊，你看我那关师伯他不收徒弟，但他教了很多人，到现在也是，也等于断档了一样。

我讲的方法，你们如果坚持下去，我估计咱们在座的，没有人能放弃。不让你们练，你们可能也不同意。我说你们别练了啊，再练该挨打了，哈哈，偷着练也得练。对吧？所以说，这是有智慧，还是一种缘分，你们能接受这东西。我的观点还是，让好人健康长寿，好人应该有好报，明白了吗？咱们也不希望恶人去受恶报去，咱们还是希望好人永远健康，这不是我说的，这是我学人家的。人家说，希望好人永远健康，咱们有祝愿。

为什么说"愿力"也很重要？心能转境，意能转物。为什么我一再强调，善有善报？先有一颗能舍的心。对待别人要有一颗仁慈的心、慈悲的心，对待万物也是如此，然后你不好的东西自然就淘汰了。举头三尺有神明，你周围就有，不只是三尺以上有，周围就有，无处不在，尽虚空、遍法界。所以我一再说，你要修到大成，你必须得修德。对吧，不修德，永远到不了大成。你说一比划我叫大成，那不对。一比划就叫大成，你缺那个德还能大成？大成那得都具备了，从做人来讲，"仁、义、礼、智、信"是基本条件，然后你有慈悲心，再以一颗好心来对待众生，希望人人都别得病。因为咱们也看到过，到医院看病人以后，你感觉非常压抑，你都觉得痛苦。何况咱老百姓现在很可怜啊，看病看

众弟子在练习单、双推手

不起啊，所以尽量别让他们生病，这是我的愿望，我的愿望让谁都健康，我做不到，但是我有这愿力。你们大家都有这愿力，就等于在帮我一样，明白了吧？大家都要发愿，去帮助别人去。

学员们在练习"猴坠枝"

自 述

　　我就大概讲讲我的来历，可能有些人不知道。我是山东人，生于齐鲁之地，长于燕赵之乡。我从五十年代初来到北京，咱们这儿不是称为燕赵之乡嘛。所以说我这是两个地方，小时候在那儿生的，在这儿长大的。我这一生就没有走过运，一生坎坷。像过去那《诗经》说的，"狼跋其胡，载疐其尾"（《诗经·豳风·狼跋》），我这一生是前疐后跋。说老狼老了以后，往前走，那个肉垂它踩着了，往后退，尾巴绊住了。我这一生也是这么走过来的。

　　我这一生时乖命蹇，不顺，什么都不顺。因为出身不好嘛，小时候在老家一直不顺。来这以后，因为成分问题，我跟大学没缘。到六六年参加工作，我那会儿20多岁，正好赶上"文革"，我那会儿已经是练了十年多了。六六年底我开始教我们同事的儿子。我这十年怎么过来的？就是在红五类的歧视下走过来的，那时候红五类谁都想欺负我，也挺可怜的。我也不敢打他们，你打人就是反革命，人家是红五类。所以说我是这么走过来的。

　　这十年也造就了我，为什么？我那会儿一看啊，没事干，带着厂里一帮年轻人到紫竹院练功去。我付出了这么多，得到的回报却非常丰厚。我指的不是物质。我的内功提升非常快。为什么？我老说"有舍必有得"。我只能舍我学的这点东西，我是毫不保留的。有人和我说："您得留点啊，这东西不能都教出去。"我说："用不着，你不淘汰这些东西，好东西也进不来，你要越教越明白。"谁跟我学，我就没觉得吃亏。我就是这么走过十年"文革"的。

　　七六年以后，也不走运，那会儿能考试了，我自考考的是工程师，做到技术科长、副总工程师、技术厂长。我这人就像屈原说的，不能"变心以从俗"（《九章·涉江》），也挺悲惨的。最后跟厂长闹矛盾把工作辞了，公职都辞了。那年是九二年，没工作了，就在社会上游荡，找这个事不行，那个事也不行，就没走过运。当工程师受了几年苦，九二年我辞了工作后，总厂通知我，说你被评为北京市优秀科技工作者，还有 500 块钱奖金，我说："不要了！我出了那个地方，就不再回去！"所以我什么都没领，就把它舍弃了。你们看，我这一生就这么点好事，还让我放弃了。

马世琦先生自赋，由中国书画院副院长许冬侠先生题赠于扇面。

诗文：

北风无力送我归，浮云惨淡横翠微；

近水红蓼摇月影，远山翠柏当落晖；

黄昏但见归巢鸟，月明又闻啼子规；

若闻此声应垂泪，无尽凄凉无尽悲。

到九零年的时候，我家最后一块房产，600 多平米左右的一个大院子，在二环以里，被建委给强占了。为什么呢？我不堪其扰吧。老去骚扰我，我下了班他不让我休息，虽然他不敢和我发横，软磨硬泡的，老说好听的，我哪受得了啊。得了，拱手相让，给他了，给了我 5 万块钱。5 万块钱，我现在也就买一平米。

所以你们看，什么利益也没得着，后来我发现，什么也不是自己的，就这身功夫是自己的，我还挺知足，阿Q精神，也挺好。现在我有东西教给你们，说明我有舍有得，有取有舍，不是谁都会。不是说我要多狂妄，看不起别人。上次我和你们讲嘛，山东有一小伙子受寒了，腰以下跟冰一样凉的。他吃药吃硫磺就吃了15斤，一顿吃肯定死啊，前后吃药15斤，附子每副药200克。最后一站找到北京，有一教形意拳的，爷俩去了以后，说可以，"我教你一功法，你先交10万块钱"。爷俩之前为了看病把房子都卖了，结果扭头走了，跑到厚朴找我去了。我说："你怎么找到的我？"他说："在网上看到的，在徐大夫的博客上看到的。"后来给我写了一份材料，说怎么得的病，在哪儿看的，都什么结果。我说："你在厚朴也学不起，一小时一百，两小时二百，你干脆到我家里去吧，就是多跑点道。"他在大兴住，大兴租房便宜，就这样他学了两年半，好了。

我一分钱没收他，不是标榜自己多么清高，应该帮助别人。东北有一人献血献了一万多毫升吧，姓郭，他说的话我特别赞成，帮助了别人，快乐了自己！你看山东那小伙子病好了，给我打电话，说："我一定要报答你。"他现在当大夫了。我说："你怎么报答我呢？就是遇到穷人，看不起病的，你给他看，不要钱就完了，这就是报答我。"你要是不舍，一味地说想着一个功法就十万，值不值另说，你本身这个心就不正，哪有值十万的功法啊？你那功法，要我说，给钱都不能学。作为人来讲，要站得直，立得正，咱们说顶天立地嘛，站桩，我也要求你们站正了。

　　我现在家产一寸土地也没有了，人家一买买多少地，我现在一点儿也没有。老子说"金玉满堂莫之能守"，谁也守不住。你别看你现在有的是钱，该做好事就做好事，该用就用，今天是一块钱再一贬值明天成一毛了，你还是一百万，就等于原来的一千块钱了，这数是挺大的。那天看了一报纸，登了一个新闻，一个老人存了5万块钱，五三年存的，她现在取钱去，就给她50，说就值50了，她说她存的是5万，人家说过去的5万就是5块。那不行，字面上写的是5万嘛！老太太不干，把人家玻璃门都给砸了，她生气啊，存了60年，再取时是50块。过去5块比现在500块都富余，解放初期嘛。所以说，身外之物不是我自己的，我这身功夫谁也偷不走，我要不说谁也拿不走，但是我要把它奉献出来。

　　历史上当官的，我最佩服的一个人，就是范仲淹。他真做到了，先天下之忧而忧，后天下之乐而乐。但是我没有那么高的地位，认识我的人也不多。我只能尽我的力，就跟那个萤火虫的光，我只能照亮在座的这些人。但是我要做，我希望大家一定要相信我，要跟着我好好学。你看，老子说："我独异于人。"老子说他自己，跟谁都不一样。我也跟谁都不一样，我也"独异于人"。所以，我才能练到今天这种程度。原来一直在强调嘛，"有德者必有所得"。我并不是说我有多高的德，但是我往这方面努力，现在还在努力，这没有止境。上次不是也讲了嘛，"积土成山，风雨兴焉；积水成渊，蛟龙生焉"。你得积，你积下善，就是德。咱们这个功法是救人的，不是害人，也不是骗人。我教了49年，我已经证实了，我这个功法应该是圆满的，没有什么缺陷。这个是，你们自己也可以证实一下，这还真是没有缺陷的。在座的你们说，身体不好的，是不是都好了，慢慢都好了，对吧？

像这些东西吧，是老祖宗留下的东西，为什么我能理解这个东西？你要敬祖宗，敬古人，像敬神一样敬。他们好多学佛的读佛经，一拿起来，好像那种心情是不一样的。咱们老祖宗的，也应该是这么读去。我上次讲过，这叫诚敬心嘛。"诚而生敬，感而遂通。"你们跟我学东西，也是"诚而生敬，感而遂通"。你看，我老讲这功夫，功夫，有"天授"，有"神授"，有"人授"。怎么讲？这就是三层功夫。最高层次的是天授，这是上天赐给你的，就是老祖宗给你的。神授是什么啊，你像咱们师徒关系啊，你用诚敬心来敬我，相信我，照我说的去做去，咱们的心就是相通的，这就是你们绝对能得到很多意想不到的东西，这就叫神授。心授就是口传心授嘛，心授就是神授嘛，心主神明，心藏神。人授是什么啊？你一拳我一脚，那把式教法就是人授。人教人，什么也没有，到最后，练残废了，练坏了，那都是人授。所以三个层次不同。希望大家能够练到天授那种层次，那应该是最理想的。但是说嘛，老子说"独异于人"，你们也"独异于人"。你看，我说的这个功法呢，就是跟那个所有的国家级大师也好，完全相反的，一点相同的地方没有，是吧？我就是跟他们不一样，我觉得是对的。当然作为你们来讲啊，我讲完了以后，你们要相信我，一定要坚持下来，都能达到最高层次。

我最后用一首诗，我自己写的啊，做个收尾。你看，我那会儿啊，也挺有志向的，虽然我是出身很悲惨吧，哈哈哈，但是我挺有志向的。那会儿我写的是：

年少心雄抵万夫，长驱六龙随金乌；

驾得长风游四海，足踏扁舟泛五湖；

命途多舛难遂愿，时运不济欲何如；

浮沉荣辱原是梦，老来开门广授徒。

我现在就是，开门广授徒，这就是我作为一个总结。（掌声）

（学员问："马老师，这是您年轻时写的诗啊？"）噢，对，后来我把后一句改成"老来开门广授徒"。原来不是这句，比这还狂妄，哈哈哈，所以做人不能太狂妄。

马世琦先生自赋，由中国书画院副院长许冬侠先生题赠于扇面。

谁还有什么问题？我估计你们现在都没有什么问题，就是缺功夫了。哈哈哈，缺练了，你们缺练了。记住，**不是学多少，是你们练多少，**记住了啊。所以说，以后不要追求会多少套路。太极拳我为什么主张教？它容易放松。你看，吴式太极啊，容易放松，它是帮助你放松的。但是它其中能用的东西，实战的东西，也是非常少，微乎其微，不要从那里找实战的东西。

实战的东西没有招没有术，它是道。所以你可以说立于不败之地嘛，同样出手，他倒了，你没事。

站桩和修心的关系

问：我有一个问题，老师，就您刚才讲到，以前您教徒弟，有的人他不站桩，所以他推不过您，可是有的人，他特别用功地站桩，他也推不过您，您说他是修心不够。

马老师：修心不够，也有站得不对的，站错了的。也有他就心静不下来，你心要静下来吧，到神明的时候，就是讲心，到化劲的时候，四两拨千斤了，它就是神明，修不到神明，就是因为心不清净。

问：因为我学只顾着站桩，对修心还不太明白。

马老师：讲到这，就是守住自己的心神。就像刚才讲的，佛说的，嗔恚愚痴，欲自厚己，欲贪多有，利害胜负，结忿成仇，破家亡身，不顾前后。富有悭惜，不肯施与，爱保贪重，心劳身苦，这就是恶。你知道什么是恶，你才知道什么是善，是吧？你不知道恶，你怎么修善去？你把什么不好的，给剔除了，不就都是好的了，对吧？

问：我理解一下，就是我们刚开始站桩的时候，静不下来嘛。就问您"想什么"。您说"想什么都行"。可能后来，慢慢看住自己想的东西。

马老师：一开始看不住。有人问我，"看电视能不能站？"我说行，你就看，看着看着自己就不看了。你不能说过高的要求啊，你让他走到正路，也得一步一步来。他自己就是说我站不住，就守不住，他就想看电视，听音乐，我说那行。今天那个学员就是，他说他看电视站两小时，原来就站十分钟。今天又来了，站得还挺好。

站桩如何守中

问：师父，您刚才说的那个守中啊，就是具体到咱们站桩这，怎么去守？

马老师：你看啊，我刚才说了顶天立地，百会和会阴这一条轴线是你形的中。百会会阴这条轴线，上丹田、中丹田、下丹田都在这条线上。泥丸宫在这条线上，绛宫在这条线上，密宗叫心轮，下丹田他们叫脐轮。咱们的中丹田，在脐上，道家叫土釜黄庭，是你丹田的中，刚才说了练到最后要守中丹田。下丹田是降下来就行，慢慢地气聚起来，你再就该守中丹田了，因为发力啊，在技击方面中丹田非常重要，而且养生也非常重要。

守"形"的中

这条轴线，叫上接天根，下接地轴，这条线要过地心。我举过例子，你看摩天大楼盖到200层也好，100层也好，那条轴线和地心偏1分都不行，偏0.1分都不行。现在的科学技术非常发达，这个轴线完全过地心，这就是守中，它不会倒。如果你偏1分，盖到一半楼就得倒，这就是没有守中。一切都有中。你看啊，咱们每样东西都有一个中，以前我搞模具设计，设计模具的时候有中心、有重心，当然有的时候两个重合。比如一个圆片吧，它的中心和重心是重合的。三角也是，正三角它的轴心和重心也是重合的。如果是不等腰三角或者不规则形状，中心和重心不重合。咱们要求你中心、丹田（上丹田、中丹田、下丹田）还有百会、会阴要重合在一条线上。这就叫上接天根、下接地轴，顶天立地嘛，是吧？就这意思，明白了吧？

你看，咱们人是对称的吧。前面也讲了嘛，独立守神，一条腿站着，可以，也不是不可以，谁也不会瞧你去，你站你的，没人会管你，但你守不住神。你睁着眼，晃晃悠悠，那神你怎么守？你闭着眼，肯定要倒，你不知道什么时候倒。当然站着也没坏处，你一条腿站着，也不能说能把人站坏了，但守不了神，守不了中，所以一定要左右平衡。为什么？你看你原来右肩高很多，现在平衡了（小叶点头），过去就一直给你调，那是十年前的事了。打球也是，老是一边打，没有说两边打，那个网球我左一拍、右一拍，没有；乒乓球左一拍、右一拍，没有。都是半边，那都不守中，所以都伤身体。中国的东西，像动功这边做一百，那边做一百，一定要让你平衡。我这边做了，合进开退，做了一百，那边也做一百，这样才能达到阴阳平衡嘛，对不对？两边都要练。

刚才就是说，咱们一定要守住中嘛。你不能偏，不能歪，不能过，也不能不足。过犹不及，积累到一定程度，我忘了谁说的了，他说你要是站桩站到一万个小时，或者你练别的也是，积累到一万个小时，你就是最棒的，能达到顶峰，这非常有道理。那个雕刻大师、工艺大师，精心地雕刻、用心去做，他不是三天两天就成了，他用的时间比别人多得多，他功夫下到了，自然成为顶尖的了。当然还得对啊，你得做对了，做错了，那也不行。方法要对，所以说找对了方法是你的智慧，你个人的缘分。有好多人他没有缘，他就是一找就错，错了那他也没办法，练伤了再回头，那他耽误好多年。

守"神"的中

你神的中是在绛宫。你看这个穴位叫膻中穴嘛，有的念 tán 中的，也有念 shàn 中的，实际上它叫 dàn 中穴，月字边的，膻味的膻也是这个字，中医就叫膻中穴。沿着这个穴位往里去，跟百会、会阴这条线的交点就叫绛宫。神之居所，心神之居所，叫绛宫。

第一式啊，心火降下来，把心神降下来，下丹田——这就是你现在要守的中，但是不要过于用意去守去；把这（膻中）空下来，能做到离中虚、坎中满。把这空下来，把心火降下来，就等于把气降下来，这就是守你神的中，把神守在这——下丹田。

守神的中，神不外驰，也叫守中。为什么让你把眼闭上点啊，神不外驰，你要是东张西望，你的神肯定收不回来。一看这飞一个鸟，哎哟，这个鸟漂亮，神就在鸟上了。你看为什么说守神？咱们不说人家名啊，因为人家也是，现在也改教形意拳了。过去他发明一个功，说让你想你是什么什么东西啊，忽悠了很多人。流行气功那会儿确实是没少害人。所以说他们就是没守神嘛，把神放在外头去了，收不回来不就疯了嘛。所以一定不要把神放出去，就守住自己。"多言数穷，不如守中"啊，你守住你自己的神嘛。知道了吧？

守神是守中，守形是守中，两个中要重合。刚才咱们说了你什么形状它都有中心、有重心，这都理解吧？可能你没学过这东西不太知道，重心和中心不是一回事。当然你要从计算的角度解释就太麻烦了，咱们就不讲这些东西了。我从 22 岁开始教拳，我不再让弯下去了。我弄明白了，不能弯下去，因为可能跟我的职业有关系，我设计任何零件，设计一个设备，都要做受力分析。这个件能受多大力，力是什么方向、大小，我都要算啊。我一看，人也是，人和机器没什么区别，只是活的。所以说你如果把这个力放在前面的地方，绝对不正常，绝对是伤身体的。

守中，明白吧，形是中，形有中，刚才说了百会、会阴这条线。神是中，就这两个中，没别的。

守中的次第

问：一开始是守中，不是守在下丹田里边吗？

马老师：对，一开始把这空下来，把气降下来，降在下丹田里，但不是刻意用意去守。松下来，能做到腹式呼吸就够了，一开始不要放在这儿。一开始先把它降下来，降到下丹田。等下丹田腹式呼吸了，说"专气致柔，能婴儿"，婴儿呼吸能做到，然后你才能练中丹田了，然后你才能做到开合、升降，就是中丹田，意要守在中丹田。它不是外气在开合，外气它憋气，咱们要把中丹田一下打开很满很满的，这地方护住内脏，脏腑护住了，你软肋也护住了。这时候技击方面就相当厉害，能练到中丹田，所以说第一式、第二式不要怕多站。

问：守神的时候拿不准具体位置怎么办？

马老师：那就神不外驰嘛，你别东张西望，哎哟，那一个鸟，那就神外驰，没守住。它那个神是主帅，它不能瞎想去。你练着练着，杂念就少了。一开始，你把这个气降下来，慢慢地，杂念就少了，你这守在中丹田，是吧？其实神也是，它用神来率意嘛，完了，你杂念越来越少，练到中丹田，杂念就少了，就像水沉淀越来越清。

问：第一式神在下丹田？

马老师：对。

问：第二式在两肋？

马老师：对，开两肋。先把两式练好了，别着急练第三式。第三式，开合相当有一定功力了，你才能把它提上去，这叫"三田返复"。

问：如果三田返复了，那我不把意带到任何一个丹田，那神守在哪里？

马老师：这就"无意之中是真意了"，它自己就定住了，杂念就越来越少。

问：神要守在哪，气就守在哪？气和神要在一块？

马老师：对，将来你把神就守在这（中丹田）了，你动起来就全用这带。神率意，意率气，气率形，明白了吗？所以你看啊，内力要练出来，让人感觉特恐怖。你看他们好多练太极的吧，他是四两拨千斤也能做到，他等着你出劲了，他再借劲，这也是挺巧妙的。像咱们练的这个内功，咱们这功法吧，不但能四两拨千斤，咱们还有千斤力，咱们的力量非常强。打在人身上，非常可怕。太极是借你的劲打，这能做到，因为他是个旋转的，他走的是外曲线。形意拳走的是内曲线，太极图的内曲线，你看里边这个正反"S"，咱们做动功的时候，推手也不都是这个曲线嘛。

问：我们打拳守的那个神，接近意了吧？

马老师：不是，它叫神率意，也是没有意不行，一开始要有意，到最后"无意之中是真意"。开始它讲"形无形，意无意，无意之中是真意"，一开始必须有意。形意、形意，你没有意怎么叫形意啊？形不对也不行，没有意也不行。初期阶段，明劲、暗劲时候都要有意。到化劲时候，没有意了，那一点意都不用了，那就到神明了。

神意气形的关系

问：是不是我们的神一散就成为念头了？

马老师：对。

问：神一聚就成为意？

马老师：对。

问：神散了是念头，意念越集中越好，对吧？

马老师：对，开始一定要有意，把意守住这儿，把神降下来，离中虚，离为心火，降下来不就降到下丹田了嘛。你先守住下丹田。你看，神、意、气、形，是吧？这四要素，形练对了，你才能把气聚起来，意才能带领气去做它要做的事儿，你神才能指挥这意。其实咱们中国人讲了，神是君主之官，心为君主之官，大脑是被心神支配的。外国人说大脑是主宰一切的,那是错的。上次,我讲过一回嘛,他们做心脏移植手术,有一个接受心脏移植以后,开始是又抽烟又喝酒,而且特凶,提供心脏的人活着的时候又抽烟又喝酒。零几年的时候,也是老两口在电视台做节目,老头接受心脏移植手术以后吧,哎哟,家里活抢着干,脾气也好。原来是脾气暴躁、不讲理,什么活儿都不干,换了心脏以后,心神起作用了。心脏它不是心神,它把神带过来了,接活了,神就带过来了。

问:形体的心脏坏死了,神就流转了吗?

马老师:对,神就不会守在身上了。

问:能不能这么理解,我们没法控制神,神是最高主宰,它只能控制我们,我们只能靠意,把意聚在这儿,反倒让我神聚起来了?

马老师:对,就守住了神嘛,不要神外驰,就要让你清心寡欲么,把一些贪啊、一些仇恨,都舍弃了。一些不愉快的事儿,就像照镜子一样,过去就过去了,说谁害过你,你说这也在帮我呢,我也是前生欠人家的,你这么想就不会生气。这不是阿Q,阿Q他不是真修行。阿Q就是说他也姓赵,说他祖爷爷是赵子龙,他是自我安慰、臭美呢。咱们这是把一切贪欲放下、把仇恨放下,让自己的心清静下来,这样才能健康长寿。好多病都是心病,你郁闷过度了,是吧?那七情也是,过了。刚才咱们说中庸是吧,说喜怒哀乐之未发谓之中,是吧?发而皆中节谓之和,中和就是中庸。

发而有节，不过度。不是不发，你喜怒哀乐，人人都离不开这个，你想清除了，不可能。但你发而有节，不过度，也叫守中，也叫中和中庸。适度都是对的。刚才说了，你吃东西太干净了，那死得快点儿，对吧？咱们中国人过去说，不干不净，吃了没病。当然，太不干净也不行，它不是没有道理。有些人说你这人沉不住气，你气浮么，你站桩以后就能沉下去。好多人就是慢慢觉得自己办事啊，得心应手了，不那么急躁了，站桩以后你气能降下来。老人说你沉不住气有道理，不是没道理。说不干不净吃了没病，用现在科学是不卫生、不干净，其实你过于干净了，你没有抵抗力。太脏了也不行，那你得守中嘛。脏点儿也没关系，是吧？你看那个上次在辛庄讲课的时候，小邓那小闺女就是，从来不强迫她洗手，爱洗不洗，不洗也不管她，她拿起什么就吃，她也没有病，为什么？这就是所说的"不干不净，吃了没病"，她有抵抗力，而且她从来不生病，反倒结实。说那个六岁死了的小孩就是，连尿布都高压锅蒸，一切都消毒，特严格的消毒，最后他一点儿抵抗力也没有。

咱们说有点儿不太礼貌啊，原来我们工厂旁边有一家，那孩子都是有点儿弱智，确实一家都是弱智。那个孩子的爸爸自己说的嘛，他说："我这孩子这样，我是缺了德了。"那会儿做羊羔皮生意，那母羊怀孕的时候，他从肚子里把羊羔掏出来，剥那皮卖。他自己说的，不是我说的，他自己说是缺德了，确实，六个孩子全是弱智。吃过的西瓜，瓜皮上面有点红肉，在地上摆着，那苍蝇都爬满了，一哄那苍蝇走了，那红肉露出来他去啃了，没事！从来不生病。

那海棠在地上踩成饼、成片儿了，拿起来就吃，也没病。为什么？他就是长期的抵抗力增强了。当然说你过了，过了也不行。你看我原来跟我们厂一个叫小陆的，在通县那上产品的时候，我们俩一块吃饭，一个大师傅给我们两人做饭。他在那儿病了九天，他是肝炎，按感冒治，实在受不了了，他回北京了。到医院，马上给他留下转到传染病医院了。他给我打电话，说你赶紧打预防针吧，他说他现在被查出是肝炎，挺严重的，都掉黄面了。那会儿，我说再打什么也晚了，我因为跟他一块吃饭吃了九天嘛，这也是微免疫。我们俩都是四盘四个菜，对吧，你一筷子，我一筷子，那一般抵抗力不行的，肯定传染上了，你看我吃了没事，这其实也是一种免疫。为什么中国人不讲分餐？分餐还是西洋人的，那是伪科学。科学这个东西吧，总有一个代替今天的，明天的代替今天的，后天代替明天的，总有一天是这样儿的。你看过去弄那个飞机是吧，哎，现在的飞机是更高级了吧？再弄还得高级，你永远到不了头，永远能被推翻。中国人你放那儿传统文化，没有任何人能推翻，这叫绝对真理，绝对真理没有任何人能推翻。道就是绝对真理。

呼吸的阴阳

问：刚才您讲的是呼气为阳，吸气为阴，是吧？

马老师：对，入为阴，出为阳。吸气为阴，呼气为阳。有一句诗叫："出日入月呼吸存"(《黄庭经》)。日为阳，月为阴，呼吸也分阴阳，日月就不是阴阳嘛，同样呼气是出，为阳；吸气是入，为阴，收纳为阴嘛。

四面劲

问：您刚才讲的四面劲怎么理解？

马老师：腿后面为太阳，四面劲主要是练太阳劲，后面劲一般练不着，你看站低桩后面一点劲都没有。咱们站桩主要是练阳面，太阳，一定要站得刚坚有力，剩下就是少阳。这四面就是腿的前后左右四个面，咱们这四面力要做到紧而不僵。

问：那后面这个劲是怎么才能提起来的（练出来的）？

马老师：你这腿想要练出四面劲来，重心移到后边以后，委中大筋要直，需要挺这一下，挺这一下就是把阳面撑一下，把委中大筋撑起来支撑你全身，后面就刚坚有力。你摸摸小李的腿，小李你站好了让她感受一下。你摸他后侧，前后左右四面都摸摸。咱们练的力就在腿上，不在上边。他们讲得那么复杂吧，其实这也不用讲每个脚趾怎么落地，就是上边像鞭梢一下，下边像鞭杆一样。咱们动功八式合、进、开、退，脚自然就形成这种循环，阴极阳生，阳极阴生。你不要想着我的脚趾落地是按一、二、三、四、五的顺序，那多复杂啊！你数他干吗？你只要做对了就行了嘛，合、进、开、退做到位了就行了。咱们合、进、开、退这个练法比他们的那个练法要高明得多。

坚强和柔弱

问：刚才您说那个，我记得您说过很多次，人之死也坚强，是吧？其实这个坚强跟咱过去学的这两个字不一样，在这是贬义的？

马老师：你看，人死了就硬了。在这是贬义的，就是硬了，挺了。

问：就是那个"坚强"两个字？

马老师：对。你看，"利用"也是。有之为利，无之为用。现在说，有时候你当官了，我要利用你，给我办事，这个"利用"。过去"利用"是"有之为利，无之为用"，是这意思，老子说的。所以刚才说的那个"坚强"，死了就坚强了，挺了，撅不动了。你看人要岁数大了，他也是关节不灵活了；练硬功的人，也叫坚强嘛。

问：那个"也柔弱"，这个"柔弱"也不是贬义？

马老师：不是贬义。柔弱，不努气使力才为弱。柔就是像水一样，就是柔。努气使力，它也是坚强。柔弱处上，强大处下，像大树一样。强大在下面，所以腿是四面劲，脚底下是树，像树根一样，咱们练的完全合于道家的东西。两仪四象八卦天地，这都明白了吧？以后讲你们会讲了，以后教人一定要跟人讲明白了，我反复地说，就是让大家明白，将来你们都是义务啊，你们拜师以后，一定要传下去啊，因为对的东西太少。

张伯端不是说，"莫把金针度与人"，咱们要把金针度与人，针法和金针都送人，这就是成就你自己，正因为你无私才成就你自己。

附录二
初学站桩常见问题

1. 站桩对服装有要求吗?

答: 衣着宽松舒适即可。由于后脚跟承重较大,站桩又需要有时间作保证,因此练功时应穿着软底平底鞋为宜。

2. 每次站桩多长时间比较合适?

答: 视自己的能力,由短到长,循序渐进。初期可能难以坚持,脚麻、腿累,站不住,可以停下来走一走,再接着站。一般来说,站桩半小时可让身体进入放松状态,开始阳气生发,滋养身心;一小时以上则会增长功力;如能连续站满两小时,会达到极佳的养生康复效果。若无整块时间,也可利用日常闲散空余时间站桩,行住坐卧,时时放松调形,对身体健康也大有益处。

3. 站桩有什么禁忌吗?

答: 初学阶段忌空腹站桩。因练功初期身体以炼精化气为主,将水谷精微转化为内气。如果空腹站桩,容易产生头晕现象。此外,站桩过程中若产生明显饥饿感，最好及时收功进食，补充营养。

4. 每天什么时间站比较合适?

答:任何时间都可以站，可以自己摸索，什么时辰自己感觉最好，可在这一时辰多站会儿，其他时间对养生都有益。

5. 站桩时应该朝向哪个方位?

答:过去要求面向太阳，但据马老师多年练功的体会，自己感觉舒适的方位即可。

6. 女子月经期可以站桩吗?

答:因气行则血行，此时站桩有可能使血量增多，建议暂停两三天。

7. 女子怀孕期可以站桩吗?

答:视自身体力、精力而定。如果感觉舒适，可以适当练习，总的来说要注意休息，避免疲劳。

8. 小孩可以练习站桩吗?

答:小孩好动，可以练些武术的基本功。一般在 12 岁以后，才能够逐渐静下心来。如果经常练习站桩,则对生长发育极为有利。

9. 站桩时可以听音乐、看电视吗?

答:可以。有很多练功者初期因放松较难，较长时间站桩易心烦意乱，往往坚持不了，听音乐看电视能缓解枯燥感，到真正掌握后，自然需要越静越好。

10. 马老的桩功八式，每一式需要练习多久才能开始学习下一式？

答：桩功八式的身形完全相同，区别在于手的姿势和内气的路线，整体遵循内气从无到有、从弱到强的规律而设置。因各人体质不同，内气的日常消耗和练功时间均有所差异，故学习时间难以精确量化，判断进阶学习下一式的标准，主要是内气的积累水平和运行能力。

以练习桩功第一式为例，如果能做到自然状态下的顺腹式呼吸，体会到下丹田中内气蓄积已满，后腰及两肋下方可随呼吸起伏时，即可开始学习桩功第二式——修炼中丹田，进一步蓄积内气并"炼气化神"。当内气充足时，进阶到第三式——将内气提至上丹田以修炼"三田返复"便会更加容易。以此类推，越往后的桩法对内气总量的需求越高，而达到的修炼效果也越好。马老师建议，桩功前三式基础打牢之后，后几式可根据自己的喜好来选择练习。

根据以往的经验来看，以每天站桩一小时为例，第一式一般需练习三个月至一年，可达到第二式的学习要求。

11. 站桩时杂念不断怎么办？

答：千万不要用力克服，只注意放松，调形。老子说"孰能浊以止静之徐生，孰能安以久动之徐生"，外静内动，只有放松，"肌肉若一"，杂念自然越来越少。

12. 站桩时脚后跟很疼，我是不是应该继续站?

答：脚后跟疼说明肾气不足，如果能忍受，最好继续站。站桩最明显的功效就是培补肾气，多站几次就能明显改善。

13. 站桩时唾液增多是怎么回事?

答：是非常好的现象，道家也称之为"金津玉液"，万不可唾弃，要缓缓下咽，意想纳入丹田。

14. 站桩时身体晃动是怎么回事?

答：大部分初学者的身体晃动是由于百会与会阴的连线没有和地面完全垂直所致，可以侧对着镜子站桩，便于调整角度。如果仍不能避免晃动，可睁开双眼，待身体稳定后再站。待练到内气充盈、根基稳固时，晃动现象便会消失。

15. 站桩时想打嗝、放屁、大小便怎么办?

答：这正是脏腑运化加强，排除污浊的好现象，不要极力憋住，应及时解决，放松后继续站桩。

16. 站桩时两肩膀发酸怎么办?

答：如果是肩头发酸（三角肌），可能是为了追求含胸拔背，而肩部用力向前扣所致。此时要放松两肩，然后用肘向前微抱，即可做到沉肩坠肘的同时含胸拔背。如果按以上要求无误，感觉肩井处发酸，则大多由于平时伏案过久或锻炼肌肉过度导致的肩颈肌肉长期紧张，在站桩时的气血通过，排除乳酸时会感到稍有酸胀，不久后即可缓解消失。

17. 站桩时膝盖不舒服怎么办?

答：有两种可能会导致膝盖不舒服，均由姿势不正确所致。一种是膝盖过弯，髌骨长期受力导致疼痛，注意站直而不挺直即可；另一种是脚尖没有朝向正前，如"八字脚"，"稍息"姿势，也会导致膝盖扭痛，需要注意两脚与肩同宽，平行站立，脚尖朝向正前。

18. 别人站桩时后背发热，我后背发冷是怎么回事? 是不是站错了?

答：后背发冷是在排寒气，是非常好的现象，不必担心。寒气一般会从阳面排出。

欲获取更多教程信息，请关注微信公众号
"马世琦养正功法"。